39 –
W0460672

Savoir SE FORMER

Georges Petit

- Apprendre à apprendre
- Connaître ses points forts
- Tirer parti de l'expérience
- Apprendre avec les autres
- Participer à une session de formation
- Organiser son travail personnel

RETZ
1, RUE DU DÉPART
75014 PARIS

Remerciements

> *« En vérité, tu ne dois rien à personne.*
> *Tu dois tout à tout le monde. »*
>
> Khalil Gibran

Mes remerciements vont à ceux qui m'ont tout appris : famille, instituteurs, professeurs, collègues et partenaires au travail, auteurs d'ouvrages et articles, amis…

Ils vont aussi à ceux dont j'ai été l'un des formateurs, qui m'ont stimulé et forcé à essayer de comprendre comment l'on apprend. Merci aux participants de diverses actions de formation dont j'ai cité les opinions dans ce livre.

Bruno Hébert m'a apporté ses réactions à la lecture des différentes étapes du manuscrit. Il m'a aidé de ses remarques toujours pertinentes et de ses encouragements.

Marcelline Petit a tout fait pour que ce livre soit écrit dans le meilleur environnement possible.

DANGER
LE
PHOTOCOPILLAGE
TUE LE LIVRE

© Retz, 1998

SOMMAIRE

INTRODUCTION

Ce livre s'adresse à tous ceux qui ressentent un besoin de développement personnel par la formation.

La nécessité d'avoir à « se former tout au long de sa vie » s'impose de plus en plus. Cela résulte de l'évolution très rapide des sciences et des techniques qui fait que les connaissances anciennement acquises risquent bien de se périmer. Mais les changements concernent des champs encore plus vastes : modes de production, façons de communiquer, conditions d'exercice du travail... On ne peut, par ailleurs, s'attendre aujourd'hui à faire carrière dans la même entreprise ou organisation. Les ruptures subies ou volontaires vont de pair avec la nécessité de se former. Chômage et reconversions imposent souvent de remettre à jour connaissances et savoir-faire, quand ce n'est pas d'en acquérir de totalement nouveaux. Même en dehors de ces situations critiques et pour améliorer sa situation, conserver son emploi ou en changer, il devient indispensable, par une démarche volontaire, d'entretenir et de développer ses compétences en permanence. La séquence traditionnelle caractérisée par une période de formation initiale suivie d'une période de vie professionnelle est de moins en moins valable. Il faudra apprendre continuellement et, quelquefois, de façon bien plus intensive encore à certaines périodes de sa vie.

Il n'est pas si facile de mener ainsi une démarche permanente d'apprentissage. Existent d'abord toute une série de freins liés à la crainte de ne plus avoir les capacités intellectuelles requises ou même à celle de devoir s'exposer à ce qui est inconnu, de se remettre en cause et d'avoir à changer. En outre, le système éducatif nous avait plutôt habitués à une attitude passive. Une de ses missions aurait dû pourtant consister à nous « apprendre à apprendre ». Reproduire ce que l'on faisait pendant ses études n'est donc peut-être pas la façon de faire la plus efficace ! D'autre part, ce que l'on doit apprendre ne relève pas toujours des modalités de l'enseignement traditionnel. C'est le cas, par exemple, pour ces

« exigences transversales », de plus en plus fréquentes dans le libellé des offres d'emploi, telles que le sens des responsabilités et de la prise de risque, la capacité de motiver et d'entraîner les autres, l'aptitude à innover et à exploiter des opportunités... On prend de plus en plus conscience que les adultes n'ont pas les mêmes comportements, ni les mêmes besoins d'apprentissage que les enfants et les adolescents. En résumé, ils sont contraints à être beaucoup plus autonomes et ils aspirent d'ailleurs à l'être.

Le but essentiel de ce livre est de faciliter le développement de cette autonomie dans l'activité à part entière qu'est l'apprentissage. Il apporte à la fois matière à réflexion et conseils pratiques illustrés par des témoignages de personnes en situation de formation.

La **première partie** concerne la façon dont on apprend. C'est une activité que nous pratiquons constamment, mais dont de nombreux aspects peuvent nous demeurer inconnus. Chacun trouvera ici la façon de reconnaître ses préférences quant à ses propres façons d'apprendre. Il y a ici l'idée de mieux les exploiter et aussi une incitation à essayer des pratiques nouvelles.

La **deuxième partie** est centrée sur deux grandes opportunités de formation et la façon d'en tirer parti. Il s'agit d'abord – ce qui finalement est à la portée de tous – d'apprendre par l'expérience. Les occasions permettant de se former ainsi tout en pratiquant sont nombreuses, tant dans la vie personnelle que professionnelle. Une modalité plus classique, et offerte à de nombreux salariés, consiste à participer à une session organisée de formation. Il faut saisir cette chance et se comporter de façon à en profiter le plus possible.

La **troisième partie** apporte des méthodes et des outils pour se former. Figurent ici des apports très concrets utilisables par chacun en fonction de sa personnalité. Il est essentiel en effet que chacun développe sa propre autonomie pour se former.

Conseils de lecture

Il vous est possible de suivre l'ordre naturel des chapitres ou d'entrer dans le livre par n'importe lequel d'entre eux, vous attachant d'abord aux points qui vous intéressent le plus.

Votre lecture sera d'autant profitable qu'elle sera plus « active ». N'hésitez pas à souligner, surligner ou cocher les passages qui vous concernent plus personnellement. Mettez des points d'exclamation ou d'interrogation. Portez des annotations concernant les applications que la lecture vous suggère. Prendre du recul, vous demander quelles sont vos propres réactions et ce que vous allez tirer de ce qui est écrit, c'est déjà « lire avec intelligence » (voir chapitre 6).

PARTIE

I

SE FORMER, CELA S'APPREND

CHAPITRE 1

Apprendre : évidence et mystère

CHAPITRE 2

S'appuyer sur ses points forts et élargir ses compétences

CHAPITRE

1

APPRENDRE : ÉVIDENCE ET MYSTÈRE

Nous passons toute une partie de notre vie à apprendre, mais, paradoxalement, il s'agit d'un processus assez mal connu. C'est ainsi qu'il faut recourir à de nombreuses sources pour arriver à mieux l'appréhender. Apprendre est une véritable activité : l'ouverture à l'information est une condition nécessaire mais non suffisante. Il faut avoir une motivation à apprendre, comprendre et aussi reconstruire dans sa tête et s'approprier. Apprendre conduit donc à changer et à se renouveler. Il s'agit d'une démarche très personnelle, mais des « médiateurs » sont heureusement en mesure de nous faciliter la tâche.

Comment se fait-il que nous ayons beaucoup de facilité à apprendre certaines choses alors que, pour d'autres, cela nous est beaucoup plus difficile ? Pourquoi deux personnes ayant suivi le même enseignement auront peut-être compris, mémorisé, puis mis en pratique des points très différents ? Y a-t-il une « bonne » façon d'apprendre ce qui relève de domaines aussi spécifiques que le calcul intégral, l'évaluation des actifs d'une entreprise, les techniques de la négociation sociale ou… les accords de base sur une guitare ? Autant de questions auxquelles il n'est, *a priori*, guère facile de répondre.

Il ne faudrait pas ici se contenter de l'apparence : apprendre ne consiste pas simplement à se mettre devant un livre, à suivre un enseignement, à reproduire ce que fait celui qui sait…

Mieux savoir comment l'on apprend devrait nous permettre d'être ici plus efficaces : c'est l'idée clé de ce chapitre. Il y a là le moyen d'éviter des expériences inutiles, pénibles ou peu concluantes.

Prendre conscience de la façon dont on apprend, c'est déjà commencer d'« apprendre à apprendre ».

On cherchera donc d'abord à caractériser et à expliquer l'acte d'apprendre. Bien que cette activité soit tout à fait courante, de nombreuses zones d'ombre subsistent. Pourtant, même si tout n'est pas parfaitement explicable, le processus d'apprentissage est susceptible d'être – au moins partiellement – maîtrisé.

Se situer par rapport au savoir

Tout le monde, ou presque..., admettra la définition provisoire suivant laquelle : « Apprendre, c'est passer d'un stade où l'on ne sait pas à un stade où l'on sait. » Cette apparente clarté laisse à penser que le phénomène d'apprentissage est tout à fait objectif. C'est d'ailleurs cette idée que la notation scolaire essaye d'accréditer. On en connaît pourtant la relativité : deux correcteurs ont souvent beaucoup de mal à ajuster leurs notes, même s'ils ont pris le soin de définir au préalable des critères d'évaluation. De plus, avoir une bonne note ne donne pas du tout une assurance de succès au moment où l'on aura à mettre en œuvre les connaissances acquises. On sait que les meilleurs élèves ne sont pas « toujours » ceux qui réussissent le mieux professionnellement◆. Il est donc souvent difficile de dire à quelqu'un, de façon tout à fait objective : « vous savez ou vous ne savez pas », « vous avez appris ou vous n'avez pas appris ».

◆ *Se reporter à* L'Intelligence et l'école *et* Les Intelligences multiples *de Howard Gardner, Retz, 1996.*

L'individu lui-même ne serait-il pas alors le meilleur juge en la matière ?

En fait, plusieurs cas de figure sont à prendre en considération :

J'ai conscience de savoir (A)	Je n'ai pas conscience de savoir (C)
J'ai conscience de ne pas savoir (B)	Je n'ai pas conscience de ne pas savoir (D)
Zone de lumière	**Zone d'ombre**

(A) « **J'ai conscience de savoir** » : Cette conviction est un levier pour l'action. La confiance en soi facilite l'acquisition de nouvelles connaissances. Elles vont s'appuyer sur ce que je sais déjà.

Chapitre 1 : Apprendre : évidence et mystère
Gourmelin, *Instants d'espace*, © Le Cherche Midi éditeur, 1988.

Pourtant, il est possible que je surestime mon savoir et que l'environnement m'apporte un démenti.

(B) « **J'ai conscience de ne pas savoir** » : Ce peut être le point de départ d'une démarche d'apprentissage, pour peu qu'il y ait un décalage entre cet état, jugé insatisfaisant, et l'état souhaité. Il est par ailleurs possible que je me sous-estime ou que je manque de confiance dans mes capacités.

(C) « **Je n'ai pas conscience de savoir** » : L'expérience de la vie ou des aptitudes innées m'ont apporté du savoir sans que j'aie le recul nécessaire pour en être vraiment conscient. C'est ainsi que les personnes formées « sur le tas » ont souvent des difficultés à faire le bilan de leurs compétences.

(D) « **Je n'ai pas conscience de ne pas savoir** » : L'étendue des savoirs de toutes sortes est sans limite. Je ne soupçonne même pas l'existence de certains. Quantité de domaines me restent inconnus.

De multiples passages de zone à zone sont possibles et, par exemple :

– de (C) « Je n'ai pas conscience de savoir » à (A) « J'ai conscience de savoir », lorsqu'une expérience me « révèle » un savoir que j'avais et que je méconnaissais.

– de (A) « J'ai conscience de savoir » à (B) « J'ai conscience de ne pas savoir », lorsque ma belle assurance a été démentie par l'épreuve des faits.

– et bien entendu, de (B) « J'ai conscience de ne pas savoir » à (A) « J'ai conscience de savoir », ce qui représenterait, au sens strict, les deux « bornes » de l'apprentissage.

Exercice

Faites émerger vos savoirs

• Parmi les domaines suivants, choisissez celui sur lequel vous êtes à peu près sûr d'être *le moins compétent* :
– les règles du jeu de football
– l'astronautique
– la météorologie
– le droit du travail
– les robots
– le solfège

• Essayez, néanmoins, de trouver **cinq points** exprimant ce que vous savez, concernant ce domaine. Vous serez sans doute surpris du résultat...

Chaque apprentissage est particulier

Il est en réalité extrêmement difficile de décrire exactement ce qui se produit en nous lorsque nous apprenons.

Dans un certain nombre de cas, on distingue bien des étapes par lesquelles on passe, ce qui met en lumière l'importance d'enchaînements logiques. L'apprentissage des mathématiques, par exemple, donne ainsi l'impression de la mise en jeu d'une sorte de mécanique de l'esprit dont on pourrait appréhender les règles. Tout se complique lorsqu'il faut intégrer l'intuition◆ qui va faire que l'incohérence prend un sens. Il arrive parfois que l'on entre-

◆ *Forme de compréhension immédiate, par opposition à la connaissance acquise grâce à une démarche logique et systématique.*

voie, comme en un éclair, la solution d'un problème de géométrie. On ne peut apprendre à nager uniquement en ayant décomposé les mouvements de la brasse et en les reproduisant ensuite en se mettant à l'eau. À un moment donné, on parvient à nager, quelquefois à son propre étonnement, et ce savoir-faire est alors définitivement acquis. Apprendre par cœur un poème reste une opération assez mystérieuse : on peut bien sûr – et ce sont les conseils que l'on vous donne – s'imprégner du sens, se représenter une scène dans tous ses détails, essayer d'entendre et de reproduire cette sorte de chanson que rythment les vers. En fait, ce sont là des modes opératoires, plus ou moins efficaces suivant les individus◆, mais on ne saisit pas bien comment ce texte, souvent compliqué, entre en fait en mémoire.

◆ *Se reporter à* Savoir maîtriser sa mémoire *de Sylvie Lair, Retz, 1997.*

De façon paradoxale, alors que nous passons toute une partie de notre vie à apprendre, il faut reconnaître que, à partir d'un certain point, on ne sait plus bien comment cela se passe : seul peut être constaté le résultat.

Chacun a conscience que certaines démarches facilitent un apprentissage donné. Apprendre à conduire, ce n'est pas simplement se mettre au volant : il faut avoir une information sur les différentes commandes, la façon de les actionner et le résultat à attendre, etc. Maîtriser les structures grammaticales d'une langue ne s'obtient pas seulement en réalisant des exercices d'application portant sur une règle qui aura été explicitement formulée. Chaque apprentissage semble donc apparaître comme un cas particulier, justifiant des approches et des méthodes spécifiques.

En fait, pour répondre à la question, il convient de distinguer différents types de savoirs.

Les différents types de savoirs

Savoir : équivalent de « connaissances ». Par exemple : connaître la structure type d'un bilan, les caractéristiques du brevet européen, la classification périodique des éléments…

Savoir-faire : aptitude à faire, à pratiquer ; compétence pratique (ce que les Anglo-Saxons appellent « skills », qui, de façon heureuse, a été traduit en « habiletés » par les Québécois). L'idée d'application, de mise en œuvre, est ici bien présente. Par exemple : savoir régler une machine, organiser un chantier, se servir d'un tableur, interpréter des ratios financiers…

Savoir-être : aptitude à se comporter avec les autres, à communiquer et à travailler avec autrui. Le terme évoque des qualités humaines et sociales. Par exemple : le sens des responsabilités, l'attitude positive face aux difficultés, l'écoute des autres… Certains pensent que les savoir-être relèvent plus de l'éducation que de la formation.

Exercice

De quelle aptitude relèvent les actions ci-dessous ?

	Savoir	Savoir-faire	Savoir-être
– Conduire une voiture			
– Situer Leipzig sur une carte muette d'Allemagne			
– Donner une définition de « cash-flow »			
– Jouer d'un instrument de musique			
– Rédiger un *curriculum vitae*			
– Respecter le point de vue d'autrui			
– Négocier une remise pour un achat important			
– Résister au stress			

Les frontières en sont pas toujours très nettes : Si donner la définition de « cash-flow » relève bien d'un « savoir » pur et simple, conduire une voiture, qui est sans conteste un « savoir-faire », met en jeu des « savoirs » (code de la route...) et, normalement aussi, des « savoir-être » au volant...

▶ Ce que nous apprennent les spécialistes des apprentissages

Comme il est difficile de prendre soi-même du recul par rapport au savoir et à la façon dont on apprend, pourquoi ne pas rechercher auprès des professionnels la réponse à ces deux questions : qu'est-ce qu'apprendre ? et comment apprend-on ? Après tout, ils doivent bien avoir quelques idées...

▶ Les enseignants

Une première constatation, plutôt troublante, est que les enseignants ne se préoccupent pas toujours des questions qui nous intéressent ici. Certains d'entre eux parlent exclusivement de « message à transmettre », comme si l'école était surtout conçue pour diffuser un corps de connaissances existantes. L'accent porte ici essentiellement sur les contenus. Cette attitude se retrouve assez souvent dans l'enseignement supérieur : le professeur « donne » son cours de façon magistrale et ne se préoccupe pas du tout de ce qui se passe entre le moment où il émet son discours, parfois devant plusieurs centaines de personnes, et celui où une note sera attribuée à ceux qui passeront l'examen.

Pourtant, du point de vue des étudiants, il y aurait de « bons » professeurs dans l'enseignement supérieur et d'autres qui seraient... « moins bons ». Les enquêtes réalisées sur le sujet font ressortir trois grandes qualités chez les meilleurs d'entre eux : l'**expertise**, la **clarté** et le fait d'**être sympathique**.

Que les étudiants apprécient un professeur expert dans son domaine montre l'adhésion à la conception de l'enseignement comme étant une transmission du savoir. Si le professeur brille par son érudition, si certains indices montrent qu'il est reconnu par la communauté scientifique, il bénéficiera de la crédibilité du Maître.

On apprend donc plus facilement si :
– l'on a confiance dans la qualité de la source d'information ou de diffusion du savoir ;
– les connaissances ou les savoir-faire ont fait l'objet d'une certaine formalisation ou modélisation◆ ;
– l'on est dans une ambiance psychologique propice – l'affectivité étant bien présente dans l'acte d'apprendre.

◆ Action de mise en forme qui consiste à ne conserver que les éléments structurants pour décrire une réalité complexe, d'où le degré de généralité propre à tout modèle.

Apprécier la clarté signifie que l'on tolère difficilement les points confus, non ou mal expliqués. Les étudiants recherchent ce qu'ils appellent souvent un cours « bien structuré », ce qui, au-delà du respect de la logique, traduit un besoin de mise en ordre, voire d'une construction du savoir, facilitant compréhension et mémorisation.

Le fait de qualifier un professeur de plus ou moins « sympathique » révèle un jugement de type affectif. On apprécie le sens de l'humour, la faculté de jouer la comédie quand il le faut, de savoir détendre l'atmosphère, d'être compréhensif, tolérant… Chacun a connu ces cours portant sur des domaines rébarbatifs et qui étaient pourtant appréciés du fait des qualités personnelles du professeur.

À ce stade, il s'agit bien d'« attentes » des étudiants à l'égard du professeur : nous sommes dans le système de l'instruction◆ et non pas dans celui de la formation où l'on se prend en charge. Qu'adviendra-t-il alors si le professeur n'est pas très compétent, si son discours est peu structuré et si, pour couronner le tout, il n'est pas très sympathique ?

◆ Dans l'instruction, l'apprenant subit les méthodes et les contenus d'enseignements qui sont entièrement prédéterminés.

Ce n'est peut-être pas chez les professeurs de l'enseignement supérieur qu'il faudrait chercher les praticiens se souciant le plus de ce qu'est la façon d'apprendre. Les maîtres de l'école primaire devraient nous apporter des réponses. Ce sont eux qui ont la charge des premiers apprentissages formels et de l'acquisition des outils de base comme la lecture et l'écriture. En fait, les pédagogues – nouvel étonnement – ne semblent pas beaucoup se préoccuper, eux non plus, d'expliquer comment cela se passe dans la tête lorsque l'on apprend. Ils sont centrés sur l'efficacité et se soucient beaucoup plus du « comment peut-on faire pour que cela marche ? » que du « comment ça marche ? ». C'est ainsi qu'instituteurs et institutrices déploient des trésors d'intuition et mettent aussi en œuvre des méthodes éprouvées, depuis longtemps, pour conduire les enfants à la connaissance. Ils sont à l'écoute de la classe et développent la motivation à apprendre, apportent informations et outils au bon moment. Ils savent repérer les élèves qui ont des difficultés et essayent de trouver les méthodes qui leur conviennent le mieux.

Si les praticiens n'ont pu satisfaire pleinement notre curiosité sur la façon d'apprendre, pourquoi ne pas nous tourner vers ceux qui ont essayé de théoriser l'éducation ?

L'importance de l'éveil de l'intérêt et de la motivation est grande. Apprendre prend du temps, et une certaine progression est nécessaire. Les méthodes doivent être variées. Répéter et réactiver sont des clés pour la pédagogie.

Exercice

• **R**epensez à la dernière formation que vous avez suivie, que ce soit dans le système scolaire, en formation permanente ou dans le cadre d'une activité sociale ou de loisir.
• **N**otez, avec le recul que vous pouvez prendre maintenant, quels étaient les points forts et les points faibles de cette formation.

► Les théoriciens de la formation

Il n'est pas possible ici, et surtout pas nécessaire, de nous livrer à une analyse trop détaillée de la production des nombreuses écoles de pensée, non plus que d'entrer dans toutes les subtilités. Allons plutôt à la recherche d'« éclairages », utiles pour l'action, même s'il faut opérer des schématisations réductrices auxquelles se refusent généralement les spécialistes.

Au total, nous retiendrons quatre grandes écoles : les neuropsychologues, les sociologues, les psychologues constructivistes, les tenants de la psychologie par objectifs.

► Les neuropsychologues

Un représentant marquant de cette école est le Français J.-P. Changeux[1]. Pour lui, tout se passe dans le cerveau. L'essentiel de l'apprentissage se situe au niveau des « synapses » qui sont les surfaces de communication entre les neurones. Apprendre est une fonction fondamentale du système nerveux central. Cela consiste à modifier temporairement le système neuronal, en établissant de nouvelles connexions qui seront ensuite stabilisées jusqu'à ce qu'un autre apport vienne éventuellement modifier encore ces

1. J.-P. Changeux, *L'Homme neuronal*, Fayard, 1983.

combinaisons. Les phénomènes génétiques ont bien sûr leur place, mais, en fait, ce sont l'importance et la variété des exercices d'apprentissage qui sont l'essentiel. Le temps d'apprendre n'est pas limité aux toutes premières années du développement. Il y a une structuration des savoirs par vagues successives. Un environnement stimulant – par exemple, la présence de situations nouvelles – favorise l'activité cérébrale.

Il faut chercher toutes les occasions d'exercer son esprit et notamment sur des objets abstraits. Les activités d'acquisition et de mémorisation peuvent être développées en multipliant les occasions d'exercer son attention.

▶ Les psychologues humanistes

Retenons ici comme particulièrement significatif le point de vue de l'Américain Carl R. Rogers[2]. Alors que, pour les neuropsychologues, tout se passait dans le cerveau, l'essentiel ici se situe dans les relations interpersonnelles et plus spécifiquement dans celles qui existent entre celui qui facilite la démarche : l'enseignant et celui qui, apprend : l'élève, l'apprenti ou, de façon générale, l'apprenant◆. Le mot clé est la « liberté » de faire ou de ne pas faire, de choisir, d'être. Il est donc important que l'environnement et l'enseignant apportent cette atmosphère de liberté, qui conditionne la confiance et l'engagement personnel. De toute façon, la démarche de l'apprenant est très difficilement communicable.

« J'ai finalement l'impression que le seul apprentissage qui influence réellement le comportement d'un individu est celui qu'il découvre lui-même et qu'il s'approprie » (Carl Rogers).

◆ *Désigne tout individu en train d'apprendre un savoir ou un savoir-faire quel que soit le contenu précis de cet apprentissage et l'âge de l'individu.*

▶ Les psychologues constructivistes

Le point de vue du Suisse Jean Piaget a eu beaucoup de résonances dans les milieux enseignants. D'une théorie très abstraite fondée sur le développement de l'enfant, les disciples de Piaget retiennent essentiellement que l'apprenant doit « construire » activement sa propre connaissance et cela en interaction avec l'environnement[3]. Dans l'école traditionnelle, les étudiants attendent tout du professeur et vont donc se sentir insécurisés si celui-ci n'impose pas son point de vue. Dans l'école de Piaget, les relations avec les autres apprenants sont essentielles et le maître est surtout là pour organiser, servir d'agent de liaison, tout en laissant le plus d'autonomie possible.

On ne peut apprendre en restant passif. L'apprentissage est une véritable « activité » personnelle, chacun ayant à « se construire ».

2. L'ouvrage fondamental est certainement : C. R. Rogers, *Liberté pour apprendre ?*, Dunod, 1972.
3. Ce point de vue se retrouve dans : J. Piaget, *Où va l'éducation ?*, Denoël, 1972.

Les tenants de la pédagogie par objectifs

Il s'agit d'une école de praticiens ayant, en particulier, fortement inspiré de grands organismes de formation permanente[4]. On retrouve ici la préoccupation de l'efficacité, plutôt que celle d'essayer de savoir ce qui se passe dans la tête de celui qui apprend. Les apprenants sont différents et les performances le sont aussi.

La première démarche, tout à fait essentielle, est de déterminer des objectifs (d'où l'expression de « pédagogie par objectifs ») et de définir un chemin avec des étapes intermédiaires pour y parvenir. Toute méthode est alors envisageable pourvu qu'elle permette de progresser. On mesurera soigneusement cette progression tout au long du temps, au fil des objectifs d'étapes intermédiaires et jusqu'aux objectifs finaux. L'évaluation dite « formative »◆ permet de corriger les erreurs et de rectifier le tir. L'essentiel est de ne pas passer à l'étape suivante si l'objectif de l'étape précédente n'a pas été atteint.

Une progression orientée sur un objectif d'apprentissage est nécessaire ainsi que la mesure de celle-ci par des bilans périodiques.

◆ ***Évaluation formative :*** *cette forme d'évaluation ne se contente pas de constater des résultats ; elle sert à déterminer les démarches correctives par rapport aux erreurs ou incompréhensions constatées afin d'améliorer l'apprentissage.*

Toutes les théories dont nous venons de donner un aperçu confirment l'importance du rôle de l'apprenant dans ce qu'il faut considérer comme une véritable « activité ». C'est sur cette activité qu'il devient maintenant nécessaire de se centrer.

Un fait essentiel est que nous sommes plongés et vivons dans un environnement. Il nous en parvient des informations et nous allons aussi y en chercher. Au départ, il semble donc qu'il y ait une grande proximité entre information et formation.

Se former, ce n'est pas seulement s'informer

C'est en permanence que nous recevons des informations ou que nous les recherchons. Il s'agit bien de la matière première de la connaissance.

Dans un certain nombre de cas, s'informer ressemble beaucoup à se former. Lire un guide avant de partir en vacances pour un pays étranger peut se faire de façon très décontractée et pour des motifs très variés : curiosité, souci de ne pas manquer « ce qui est à voir », nécessité de planifier un circuit, recherche de renseignements pratiques concernant le prix des hôtels, les possibilités de change, etc. En lisant ce guide, je n'ai pas du tout l'impression d'étudier, comme si je devais ensuite répondre à des questions sur les thèmes abordés. Et pourtant, j'ai appris : je vais pouvoir me servir de certaines de ces connaissances pour agir au mieux et, par exemple, ne

4. Voir, en particulier : D. Hameline, *Les Objectifs pédagogiques en formation initiale et en formation continue*, ESF, 1979.

pas commettre d'impairs. Je pourrai même transmettre ces acquis à ceux qui m'accompagnent dans ce voyage.

Par contre, il est des cas où l'information ne peut être assimilée à l'apprentissage. La démarche consistant à écouter un bulletin d'information météorologique avant de partir en week-end ne permet de recueillir que des éléments factuels, simplement utiles pendant une très courte période.

Dans le cas de la préparation d'un voyage, les données vont entrer dans ma « base de connaissances » et seront susceptibles d'être ensuite utilisées et transmises dans des situations variées. Ce n'est pas ce qui se passe dans le cas des informations météo. « J'ai appris qu'il était préférable d'enlever ses souliers avant d'entrer dans une maison marocaine » n'est pas de même nature que « j'ai appris qu'il avait neigé hier dans votre région ».

Il est important de s'exercer à prendre du recul par rapport aux informations reçues et à la manière avec laquelle on les « traite ». C'est ainsi, par exemple, que l'attitude à l'égard d'une information est différente suivant la personne dont elle émane, les circonstances de sa diffusion, la manière dont elle est présentée.

Exercice

Sélectionnez une information et analysez-la selon les critères suivants :
• **sens** par lequel l'information vous parvient (vue, ouïe, etc.)
• **supports** de l'information : voix d'un interlocuteur direct, papier, télévision, téléphone, écran d'ordinateur…
• **identité de l'émetteur** de l'information : journaliste, professeur, expert, ami, adversaire…
• **contenu** de l'information : vie de tous les jours, événement politique, résultats d'une étude…
• **degré d'élaboration** : information brute, commentée, condensée…
• **nature** de l'information : est-elle nouvelle, complémentaire, en redondance avec ce que vous connaissez déjà ?
• **caractère** spontané ou non de l'information : vous parvient-elle directement – et même quelquefois elle s'impose à vous – ou résulte-t-elle d'une démarche active de votre part ?
• **caractère** éducatif de l'information : se présente-t-elle ou non comme un message explicitement éducatif ?

Lorsqu'une information nouvelle arrive – et nous sommes tous soumis à un véritable bombardement –, une sélection s'opère par toute une série de filtres. On accueillera d'autant plus volontiers une information qu'elle se rattache à ce que l'on connaît déjà, surtout si elle présente pour nous un intérêt, si elle a un sens. Mais l'individu n'est pas seul concerné ; le contexte social l'est également. Telle information sera plus ou moins bien admise suivant les points de vue ou même les idées toutes faites des groupes auxquels nous appartenons : groupes d'âge, culturels, socioprofessionnels, idéologiques... Ainsi il y a une aptitude sociale à traiter l'information qui varie selon nos groupes d'appartenance.

D'un point de vue quantitatif, l'imprégnation par les informations diffusées par les médias est un phénomène important bien que l'intention formative des messages soit rarement explicite. Suivant nos filtres personnels, nous saisirons et retiendrons – ou non – telle information, pour l'utiliser ensuite. Lorsque nous aurons une préoccupation particulière, bien centrée, l'information sur ce thème semblera souvent « venir à notre rencontre ».

La frontière entre information et formation est relativement floue : toute information n'est pas formative, mais pour se former il est indispensable d'avoir de l'information, qu'on la reçoive simplement ou qu'on la recherche. Pour apprendre, il est donc nécessaire de « s'exposer aux informations » et aussi de savoir les rechercher.

Comprendre et reconstruire pour s'approprier

Une certaine forme d'organisation de l'esprit

Comprendre◆ nécessite de prendre du recul par rapport à la réalité. Cela implique un certain effort car il est souvent plus facile de chercher à agir immédiatement – par exemple, par une démarche essais et erreurs – plutôt que de tenter de comprendre, d'essayer de savoir comment cela marche.

◆ ***Étymologiquement :*** *« prendre avec soi ».*

Les neuropsychologues, nous l'avons vu, parlent de combinaisons de neurones qui se forment, se modifient, s'enrichissent... Cela ne nous permet pas pourtant d'aller très loin dans la compréhension de l'apprentissage ni surtout dans cette recherche des moyens pour l'améliorer.

Les concepts de « schémas mentaux », « modèles », « représentations » peuvent nous aider à mieux approcher la réalité, même si cela est de façon quelque peu pointilliste.

Parler de « **schémas mentaux** », c'est évoquer des figures mettant surtout en valeur des relations, des liaisons expliquant un fonctionnement : schéma d'enchaînement, schéma de relation de cause à effet, schéma de construction d'une phrase dans telle langue étrangère...

Les « **modèles** » expriment une certaine formalisation. Nous essayons de confronter les informations nouvelles à ces formes que nous avons en tête : modèles d'organisation, modèles de fonctionnement, modèles de comportement...

Les « **représentations** » relèvent de ces images mentales chères aux philosophes de l'Antiquité. Que l'on évoque, par exemple, le chômage, et un certain nombre d'images nous viennent à l'esprit : une usine avec des robots, un « sans domicile fixe », un forum télévisé réunissant des hommes politiques. Derrière ces images, on pourrait aussi bien placer des concepts comme « automation », « exclusion », « politique économique » et encore d'autres images et d'autres concepts...

La connaissance procède donc par des opérations mentales qui essayent d'introduire un certain ordre dans les informations qu'il ne s'agit pas simplement d'accumuler.

Cet ordre ne relève pas uniquement de la logique. Les éléments intuitifs et affectifs sont loin d'être absents. Ce dernier point mérite d'être quelque peu explicité car le système éducatif a souvent valorisé trop exclusivement la rationalité. On apprend aussi parce que telle image ou telle comparaison nous a frappé et il ne faut pas sous-estimer cet effet. Il est, par exemple, plutôt ardu de comprendre et de retenir qu'une baisse de taux d'intérêt n'amène pas forcément les entreprises à investir. Tout sera peut-être plus facile grâce à la parabole : « On peut toujours mener un cheval à l'abreuvoir mais on ne peut pas l'obliger à boire. »

Alors que le monde de la logique se présente comme universellement admis (si A est plus grand que B, C qui est plus grand que A sera forcément plus grand que B...), celui des représentations est susceptible de varier suivant les individus, et il y a même des représentations collectives, appartenant à des groupes, qui diffèrent dans le temps et dans l'espace. Pensons aux représentations collectives relatives à l'orage, à la position de la Terre par rapport au Soleil...

Les représentations sont quelquefois approximatives et pourraient donc être qualifiées de peu scientifiques. Si je perçois une forme allongée rampant dans l'herbe, je ne vais peut-être pas confronter cette vision avec les caractéristiques des serpents qui appartiennent à l'ordre des ophidiens. Je penserai que c'est un serpent, même s'il s'agit d'un orvet, qui appartient à l'ordre des lacertiliens, ou sauriens (ici sans pattes...).

Pour comprendre et apprendre, il est donc important d'utiliser les instruments essentiels de la logique et aussi d'avoir recours à des procédés de mise en forme des informations. Utiliser des images, des comparaisons, des symboles, des schémas permet de mieux faire jouer son intuition, sa créativité personnelle et de mémoriser plus facilement◆.

◆ On trouvera au chapitre 6 les indications utiles à l'établissement de « schémas heuristiques ».

▶ Partir du déjà connu

Les instituteurs appliquent bien le principe de la progressivité pédagogique : il faut partir d'apprentissages simples et aller ensuite, petit à petit, vers ce qui est plus complexe.

L'existence de « prérequis » est, en effet, évidente : pour apprendre à faire une division, il faut d'abord avoir appris à additionner, soustraire et multiplier. Les connaissances vont s'appuyer les unes sur les autres. Cela est principalement valable pour l'apprentissage organisé d'une discipline dite « scientifique ». Pourtant, dans de nombreux cas, une démarche linéaire n'est pas toujours possible, ni souhaitée par celui qui apprend. On procède alors par la constitution de « petits paquets de connaissances », plus ou moins bien reliés les uns aux autres. Cela est assez caractéristique – qu'on le regrette ou non – de la mise en scène de l'information dans les divers médias. Un article de journal, ou un « sujet » télévisé, accroche par un titre, puis présente en quelques phrases ce qui va être dit ou montré. Au fur et à mesure du développement, on fera référence aux connaissances minimales qui sont indispensables pour comprendre le thème abordé. Une brève conclusion tiendra lieu de synthèse ou évoquera une extension possible du sujet. On est donc assez loin de la progression très formelle de l'enseignement « humaniste ». Mais, de toute façon, l'essentiel paraît bien être l'établissement de relations, de liens avec d'autres données, le rattachement à des concepts, principes, catégories, modèles, dont on dispose déjà.

Comprendre le fonctionnement du marché des changes ou celui du marché monétaire sera, par exemple, plus aisé et plus rapide si l'on se réfère au modèle classique de détermination des prix sur un marché. Comprendre et apprendre la législation des assurances nécessitent de se référer aux principes généraux de la responsabilité civile. L'apprentissage du vocabulaire d'une langue étrangère se fera par relation avec d'autres mots connus, des assemblages de sons, le rattachement à des racines... Apprendre ne consiste pas à accumuler des connaissances mais à exercer son intelligence et à s'approprier des méthodes de pensée.

Bien sûr, on peut apprendre par cœur et sans comprendre, mais à moins d'avoir une mémoire exceptionnelle, la durée de rétention sera courte.

Relier à ce que l'on connaît déjà permet de plus facilement intégrer le nouveau, l'inconnu. Sans cela, les informations ne resteraient pas très longtemps présentes à notre esprit. Comme on apprend à partir de bases déjà possédées, une certaine dynamique va se développer. Une personne qui aura une vision large, globale, et qui pourra faire

Exemple

L'article 2025 du Code civil prescrit : « Lorsque plusieurs personnes se sont rendues caution d'un même débiteur pour une même dette, elles sont obligées chacune à toute la dette. »

Voici quelques moyens à mettre en œuvre pour faciliter la compréhension et la mémorisation de cet article :

- *Image : Je me représente deux personnes signant un engagement de caution sur le contrat de location d'un de leurs amis. Celui-ci ne paye pas son loyer, et l'huissier vient réclamer la totalité à l'une des cautions qui proteste en vain, disant qu'elle ne doit que la moitié…*
- *Mot clé* *Solidarité*
- *Symbole*

(Chaîne évoquant la solidarité des cautions)

- *Schéma*

Contrat avec engagement solidaire des cautions
- *Le débiteur paye : OK.*
- *Le débiteur ne paye pas.*
  - *Le créancier réclame la moitié de chaque caution.*
  - *Le créancier* ***peut*** *réclamer la totalité à l'une des cautions.*

- *Comparaison : Cela me fait penser à une société de personnes. Les créanciers peuvent réclamer à l'un des associés la totalité de certaines dettes de la société.*

facilement des comparaisons et mettre en relation aura d'autant plus de facilité pour apprendre des choses nouvelles.

Ces opérations de mise en relation, de comparaison… impliquent une certaine activité mentale qui doit être sous-tendue par le désir de connaître, la volonté d'apprendre. Il est donc bien nécessaire que l'apprentissage ait un « sens », cela pouvant aller de la simple satisfaction de la curiosité jusqu'à la nécessité vitale.

Exercice

Centrez-vous sur l'un de vos domaines d'apprentissage actuels.

Exercez-vous à faciliter acquisition de savoir et mémorisation, en mettant en œuvre **au moins un** des moyens suivants :

Création d'images, synthèse par un mot clé, rattachement à un symbole, établissement d'un schéma, recherche de comparaison.

Comprendre ne suffit pas

Jusqu'ici, nous avons laissé subsister une certaine ambiguïté entre comprendre et apprendre. Il est certain que les termes sont très proches et l'on y retrouve le même élan vers la connaissance.

Je peux, par exemple, lire un livre uniquement parce que le sujet m'intéresse. Je le ferai avec une grande facilité lorsque les points abordés me seront très familiers et en menant des efforts de compréhension plus intenses pour les passages plus difficiles, à moins que je ne les saute purement et simplement. Si l'on me demande ensuite de donner les idées principales du livre ou de reprendre telle ou telle démonstration, je serai peut-être bien embarrassé, car, bien qu'ayant compris, je n'aurais pas fait cette lecture dans une telle intention. Ma démarche aurait sans doute été différente si j'avais eu à « étudier » ce livre. J'aurais alors cherché non seulement à tout comprendre, mais aussi à assimiler, ce qui nécessite sans doute une concentration plus intense. J'aurais peut-être alors repris les démonstrations, résumé certaines parties, cherché à mémoriser. En fait, ma perspective aurait été de rendre compte d'une façon ou d'une autre, c'est-à-dire en montrant que j'avais compris, retenu et peut-être même critiqué, comparé avec les écrits d'autres auteurs, etc. On trouvera peut-être qu'il y a ici une dimension quelque peu « scolaire », mais en fait les situations dans lesquelles on est ainsi amené à restituer ce que l'on a appris sont nombreuses : pour expliquer à d'autres, pour convaincre…

Cette façon de structurer les connaissances est bien sûr personnelle mais, dans de très nombreuses situations, nous acceptons ce qui a été réalisé par d'autres. Comme nous l'avons vu, les étudiants réclament des cours « structurés », c'est-à-dire ordonnés, avec des démonstrations bien argumentées, des rapprochements et des relations avec d'autres éléments. Cela s'explique, à l'évidence, par la recherche de solutions de facilité, mais aussi par le fait que l'on ne peut pas tout réinventer et reprendre. C'est un bon principe d'économie de profiter de ce qui a été mis en forme par d'autres. La connaissance construite fait bien aussi partie du patrimoine de l'humanité.

Se placer en situation d'avoir à expliquer à d'autres ce que l'on a appris facilite l'apprentissage.

▶ Restructurer ses représentations et changer

Si l'organisation des connaissances se fait par une sorte d'intégration facilitée par des schémas, des formes, des modèles, des représentations que nous possédons déjà… des remises en cause sont quelquefois nécessaires.

C'est en particulier le cas lorsque nous sommes conduits à abandonner des idées toutes faites ou que nous avons acceptées à un moment donné, peut-être à cause d'une certaine autorité reconnue à un auteur, un professeur, un collègue plus âgé…

Dans notre recherche d'un système de représentations plus efficace, nous donnant plus de prise sur l'environnement, il nous faut accepter de casser ces représentations et d'en reformer d'autres.

De façon plus générale, cette démarche a marqué les progrès de la science. Un exemple bien souvent cité est celui de la révolution copernicienne, mais quantité d'autres changements, sans doute moins spectaculaires, se produisent en nous !

À un moment ou à un autre, nous allons être amenés à mettre en doute notre façon de considérer tel ou tel problème, à renoncer à nos anciennes représentations et à en retenir d'autres. Ce processus va même contribuer à désencombrer notre esprit. Le changement n'est pas toujours aisé et risque parfois d'être pénible. Comme certaines représentations sont également sociales, en changer risque aussi d'entraîner des difficultés de communication avec notre environnement.

Exemple

J'ai une représentation très défavorable de la spéculation sur les monnaies. Elle me paraît tout à fait caractéristique de l'enrichissement injuste, et ce point de vue est partagé par le milieu dans lequel je vis. Toutefois, en étudiant la façon dont se forment les cours des devises, je suis amené à constater que la spéculation peut jouer un effet bénéfique de régulation : on spécule sur une monnaie parce qu'elle est en fait sous-évaluée et cet excédent de demande va précipiter un ajustement nécessaire. Mes représentations sur la spéculation vont donc évoluer et j'aurais peut-être du mal à défendre ce nouveau point de vue en discutant avec mes amis. Peut-être même conserverais-je une partie de mes anciennes représentations, particulièrement en ce qui concerne les aspects de la morale individuelle.

Les anciens schémas gardent souvent une certaine force, et une inclination naturelle nous poussera peut-être à y revenir. Les connaissances nouvellement acquises gagnent donc à être assez vite réactivées.

Évidemment les changements dans nos représentations ne sont pas continuels : une relative inertie est même nécessaire car il faut bien avoir quelques certitudes pour agir. Remettre constamment en cause nos acquis nous contraindrait à une démarche faite entièrement de tâtonnements.

Apprendre, c'est donc changer et se renouveler. La seule certitude est que nous ne serons jamais tout à fait pareils. Apprendre est bien rarement exactement ce que l'on attend : chemin faisant on découvre d'autres perspectives, d'autres méthodes qui vont peut-être nous amener à apprendre autre chose. En ce sens, c'est bien une aventure. Plus nous apprenons, plus nous nous mettons en mesure de découvrir de nouvelles choses.

► Appliquer ses connaissances pour en assurer l'acquisition

Nous apprenons plus efficacement s'il y a ensuite une application permettant de mettre à l'épreuve les connaissances acquises et de les fixer. On le conçoit bien pour tout ce qui relève de la pratique, mais c'est aussi le cas pour la théorie que l'on gagne à confronter à la réalité. C'est bien pour cette raison que les formateurs prévoient la réalisation d'exercices ou demandent d'appliquer tel ou tel principe à des situations données, prises comme exemples.

L'application contribue à l'ancrage des connaissances : « Comme cela marche, je vais retenir ce principe, ce type de procédure... » Cette démarche éminemment personnelle est l'« appropriation » des connaissances. Il y a apprentissage lorsqu'il y a intégration, un peu comme lorsqu'un outil « s'est fait à la main ». Le mot assimiler qui veut dire « rendre semblable », « convertir en sa propre substance » ne s'applique-t-il pas à la fois à la nourriture et à la connaissance ?

Souvent, l'appropriation est si totale que nous n'avons même plus conscience d'avoir appris. De la même façon, il arrive quelquefois que nous soyons étonnés de retrouver, exprimés par d'autres, des idées ou des raisonnements que nous leur avons nous-mêmes transmis. Il y a eu, également, appropriation de leur part. Cela ne doit pas nous vexer : chacun de nous est très redevable aux autres.

Vous avez vraiment appris lorsque :

– face au problème déjà rencontré, à un problème voisin ou nouveau, vous constatez que vous avez une meilleure efficacité. L'épreuve des faits permet de constater que vous avez appris ;

– ce que vous avez appris vous sert d'outil, de marchepied pour acquérir d'autres connaissances : « J'ai appris à me servir d'une boussole, grâce à quoi je peux maintenant apprendre à orienter une carte, puis à tracer un itinéraire » ;

– vous pouvez expliquer à d'autres ce que vous avez appris et en montrer l'intérêt. Vous êtes alors amené à utiliser vos propres mots, à imaginer des analogies, des exemples d'applications, des objections possibles. Communiquer, persuader, apprendre à d'autres sont autant de formes indispensables d'interaction sociale.

► Avoir recours aux « médiateurs »

Apprendre n'est pas toujours facile : il y faut mener des efforts de collecte d'informations, de compréhension, de mise en forme et de relation avec ce que l'on connaît déjà, d'expérimentation...

S'il est inéluctable que nous ayons à apprendre un certain nombre de choses uniquement par nous-mêmes, il faut nous appuyer sur tout ce qui peut nous aider et en particulier sur les personnes que l'on qualifiera ici de « médiateurs ».

Sans négliger le point de vue socratique◆ suivant lequel le savoir est en nous-mêmes, on admettra sans doute facilement que « tout le savoir est également dans l'humanité ». Ce savoir a été cristallisé dans des livres, des documents visuels et sonores, des musées, des bases ou banques de données... Il est aussi détenu par des personnes vivantes avec qui nous avons des contacts.

◆ *Selon Socrate, le célèbre philosophe grec mis en scène par Platon, la recherche de la vérité passe par une interrogation méthodique de ce que nous pensons.*

Au cours du chapitre 3, « Apprendre par l'expérience », on repérera les nombreux acteurs desquels nous pouvons apprendre au jour le jour : collègues, supérieurs hiérarchiques, clients et fournisseurs, tuteurs...

Les « médiateurs » les plus naturels sont sans doute les maîtres, les enseignants, les professeurs, les formateurs – quelle que soit la façon dont on les dénomme –, dont l'action est centrée sur cet objectif d'apprendre.

En tant que médiateur, l'enseignant va d'abord opérer un choix dans toute l'abondance et la variété des informations relatives au domaine considéré. Il y a une fonction de tri par rapport à ce qu'il estime pertinent, qui concerne non seulement les données mais aussi leur organisation : raisonnement, règles, modèles, etc. Cela relève d'une expertise scientifique mais aussi de l'appréciation des besoins et des capacités des apprenants. Les enseignants ont à se mettre à leur portée. On doit normalement s'attendre à ce que tout formateur montre comment les connaissances peuvent être appliquées dans des situations qui concernent réellement ceux qui apprennent. Il doit aussi signaler les sources de difficultés et d'erreurs possibles. Pour l'apprenant, cela constitue un gain de temps appréciable. C'est également le rôle de l'enseignant de sentir son public, d'apprécier ses réactions et de faire une présentation aussi attrayante que possible pour faire passer les aspects rébarbatifs.

Mais il lui faut être beaucoup plus qu'un diffuseur – même habile – de connaissances. En fait l'enseignant doit inciter l'apprenant à mobiliser ses propres ressources, à trouver les démarches qui lui conviennent le mieux, à relativiser les modèles... Une des finalités de la formation est bien de rendre l'apprenant autonome et même si, pour cela, il faut lui apprendre à apprendre.

On ressent bien tout l'intérêt de profiter au maximum de cette médiation. L'autodidacte pur, qui ne peut – ou ne veut – avoir d'autre maître que lui-même, se prive de tous les apports de l'interactivité qui se développe avec le formateur ainsi qu'avec les membres du groupe en formation.

Il faut ici distinguer la conception scolaire et la conception autonome de l'apprentissage :

– Suivant la conception la plus « scolaire », l'enseignant diffuse le savoir qu'il a lui-même acquis de ses maîtres et des livres. L'apprenant réalise alors les activités qui lui sont proposées et même souvent imposées : il est donc tributaire de l'enseignant. Dans le meilleur des cas, il est « consommateur » d'une formation, produit non individualisé, conçu et administré à une « classe », composée d'individus censés avoir à peu près les mêmes capacités et centres d'intérêt.

– Dans une conception autonome de l'apprentissage, il s'agit en revanche de bénéficier de ce qui est souvent irremplaçable dans un enseignement, tout en gardant un degré de liberté. La confiance – qu'il faut nécessairement accorder – n'exclut pas d'exercer son esprit critique et de relativiser.

Bien plus, l'autonomie doit aussi s'exercer sur certains aspects relatifs à la méthode d'apprentissage. Il ne faudrait pas oublier que, contrairement à ce que l'on a voulu longtemps faire croire, participer à un enseignement formel n'est que l'une des possibilités pour apprendre. Il en existe bien d'autres depuis la lecture jusqu'à la pratique◆.

◆ Se reporter au chapitre 3 : « Apprendre par l'expérience » et au chapitre 6 : « S'approprier des techniques pour apprendre ».

Bien souvent notre attitude à l'égard des enseignants est conditionnée par notre expérience scolaire, à une période où l'emprise de l'affectivité est grande. Sans négliger cette dimension, il est plus normal de les considérer comme des ressources et de réfléchir à tout ce que nous pouvons en obtenir, tout en tirant profit d'autres moyens de formation.

Exercice

Au cours de votre vie, vous avez certainement rencontré une personne dont vous pouvez dire maintenant : « C'était un bon formateur. »

– Quelles sont les qualités que vous aviez le plus appréciées chez elle ?

– Qu'en concluez-vous sur ce que vous recherchez personnellement comme « médiation » ?

– En dehors des connaissances, qu'avez-vous appris de cette personne ?

– Si vous la rencontriez aujourd'hui, que lui diriez-vous ?

CHAPITRE

2

S'APPUYER SUR SES POINTS FORTS ET ÉLARGIR SES COMPÉTENCES

Il existe bien des façons d'apprendre. Tout dépend à la fois du domaine, des circonstances et de celui-même qui apprend. Il est donc important de repérer les différents chemins – ou stratégies – que l'on est ainsi amené à suivre. Cela doit permettre de mieux tirer parti des pratiques que l'on maîtrise déjà et aussi d'en découvrir d'autres que l'on pourrait mettre en œuvre avec profit. Chacun devrait pouvoir reconnaître son propre « profil d'apprentissage ».

Par quels chemins apprendre ?

Pour atteindre un objectif donné, il y a souvent plusieurs façons de s'y prendre, comme il y a souvent plusieurs « chemins » pour se rendre quelque part. La notion de « stratégie » apporte ici un éclairage utile.

Qu'est-ce qu'une stratégie ?

Le concept de stratégie, longtemps réservé à la conduite des opérations militaires, a vu son champ d'application s'élargir considérablement. Pour le théoricien militaire prussien Clausewitz, « la stratégie détermine le lieu et le moment du combat et les forces nécessaires à le mener ». Cette approche est susceptible de s'appliquer à de nombreuses activités humaines. C'est ainsi que, par exemple, les spécialistes de la gestion utilisent ce concept au bénéfice de démarches utilisables dans « l'art des affaires ». Si votre objectif est d'augmenter votre part de marché à l'exportation, plusieurs stratégies – avec des dimensions de lieu, de temps et de moyens – sont envisageables. Vous pouvez, par exemple, exporter dans tel pays en vous appuyant sur un distributeur local ou, autre démarche, implanter sur place une unité de production. Cela montre bien qu'il y a plusieurs façons, ou plusieurs « chemins », pour atteindre un objectif. Le choix volontariste que l'on sera amené à faire dépend d'une analyse sans complaisance de ses forces et faiblesses et de l'état de l'environnement.

Le champ de l'apprentissage se prête aussi à l'application du concept de stratégie. L'objectif est l'acquisition d'une compétence ou d'une capacité et il y a plusieurs façons de déployer des activités pour y parvenir.

► Identifier ses stratégies habituelles

Il est tout d'abord important de bien repérer les conditions psychologiques dans lesquelles vous vous trouviez avant de commencer et ce que vous éprouviez, ce qui inclut, bien sûr, l'aspect émotionnel.

Curiosité, plaisir d'aborder un domaine nouveau, défi à soi-même ou aux autres, agressivité, sentiment de se trouver acculé, appréhension quant à la complexité ou au temps nécessaire, idée que cela sera facile et que tout se passera bien... sont autant d'états d'esprit que vous avez peut-être notés.

Exercice

Repérez les stratégies d'apprentissage que vous avez déjà appliquées

Retenez trois situations personnelles ou professionnelles, relativement récentes, où vous avez cherché à apprendre et êtes ainsi passé du stade : « Je ne sais pas », au stade : « Maintenant, je sais ». Ces situations peuvent être aussi diverses qu'apprendre à poser du papier peint, à reconnaître les champignons, à utiliser un nouveau logiciel...

Prenez trois feuilles de papier, une par situation, et notez les réponses aux questions suivantes :

- Quel était votre état d'esprit au départ ? (ce que vous ressentiez, vous disiez à vous-même...)
- Par quelles étapes êtes-vous successivement passé ? (détaillez au maximum les moyens que vous avez employés et pourquoi, combien de temps cela vous a-t-il pris, le type de résultat obtenu, ce qui vous a fait penser que désormais vous saviez...)
- Si cela était à refaire, comment vous y prendriez-vous ?

Chapitre 2 : S'appuyer sur ses points forts et élargir ses compétences
Chaval, *Chaval Inconnu*, © Le Cherche Midi éditeur, 1995.

La lecture de ce livre doit être interrompue ici jusqu'à ce que vous ayez réalisé cette analyse.

Identifier le ou les « ressorts » qui vous poussent à mener à bien un apprentissage, c'est vous donner la possibilité de les mettre en œuvre – cette fois consciemment – pour réussir à nouveau.

Grâce à cette introspection, vous avez pu identifier votre façon d'apprendre ou *vos* façons d'apprendre, car il est probable que le même scénario ne se retrouvait pas à l'identique dans chacune des trois situations.

En comparant les trois situations, il se peut bien que vous remarquiez une certaine constance révélant une de vos attitudes dominantes par rapport à l'apprentissage. Essayez alors de rechercher s'il y a un lien avec votre réussite. Certains apprennent mieux et plus facilement lorsqu'il s'agit d'une nécessité tout à fait impérieuse, d'autres se lancent à eux-mêmes de véritables défis…

En analysant les différentes étapes par lesquelles vous êtes passé et les « activités » que vous avez déployées pour chacune des trois situations, vous constaterez certainement que, pour le même apprentissage, vous avez été amené à utiliser successivement plusieurs moyens, par exemple : lecture d'un manuel puis essai d'application peu concluant, recours aux explications d'un tiers et imitation de sa façon de faire, essais suivis de vérification, nouvelle lecture d'un livre, rédaction d'une petite note pour résumer la procédure à suivre, etc.

Voici deux « histoires d'apprentissage ». Peut-être vous reconnaîtrez-vous au passage ou, au contraire, trouverez-vous que ce n'est pas du tout la façon dont vous procédez vous-même.

Exemple

Histoire brève d'apprentissage (1)

« Je fais un peu d'aquarelle et, depuis quelque temps, j'avais très envie de me mettre à la peinture à l'huile. Peut-être parce que l'on ne peut pas se dire peintre si l'on ne fait pas d'huile… Et puis, parce que le travail même de la matière m'intéressait.

La première chose que j'ai faite a été de me poster pendant un long moment à côté d'un peintre du dimanche qui était sur le motif, comme on dit. J'ai bien observé comment il s'y prenait, comme cela, sans rien dire. Rentré chez moi, j'ai essayé de faire exactement la même chose, en me mettant bien dans la tête que je savais peindre. Et puis je suis allé plusieurs fois au musée, mais cette fois en regardant de très près les tableaux et en essayant surtout de me rendre compte comment les différents peintres avaient pu faire. J'ai alors distingué plusieurs façons de peindre à l'huile et j'en ai essayé certaines. Et puis j'ai montré à des amis ce que je faisais, j'en ai parlé avec eux. À présent j'ai l'impression non pas que je maîtrise tout à fait l'affaire, mais que je vois assez bien comment m'y prendre. »

Analyse

– État d'esprit de départ : désir de s'affirmer, intérêt pour un domaine nouveau.

– Étapes : observation muette, imitation avec confiance en soi, recherche empirique destinée à distinguer des catégories, essais, validation auprès de personnes proches, sentiment d'avoir acquis l'essentiel.

Exemple

Histoire brève d'apprentissage (2)

« Récemment, je me suis battu avec le test de Friedman. C'est quand même quelque chose que je suis censé pouvoir appliquer et cela m'embêtait un peu de demander à des collègues. Il y avait bien là-dessus un logiciel pour micro mais avec un mode d'emploi pas du tout explicite. J'essayais de rentrer une application, mais cela ne donnait rien. Bon… Je cherche dans un bouquin où c'était simplement évoqué. Je reprends mes données et j'essaye de vérifier purement et simplement par tâtonnements, en faisant les calculs à la main. Je n'étais pas tellement satisfait et je me suis remis à chercher dans les bouquins. C'est dans le quatrième que j'ai trouvé des explications qui étaient vraiment claires ! Finalement, je me suis dit que pour quelque chose comme cela, l'essentiel était d'avoir parfaitement compris le principe et que, à partir de ce moment-là, il ne devait plus y avoir beaucoup de problèmes… »

Analyse

– État d'esprit de départ : sentiment d'affrontement à un problème que l'on veut résoudre seul.

– Étapes : essai insatisfaisant, première recherche dans un livre, essai peu concluant par tâtonnements, nouvelle recherche dans des livres jusqu'à trouver une explication satisfaisante, tirer une leçon de l'expérience.

Chaque histoire d'apprentissage est différente tant en ce qui concerne les activités que les raisons qui font passer de l'une à l'autre, la succession des étapes et la dimension temporelle.

Les stratégies d'apprentissage et les chemins suivis dépendent des situations, des domaines à étudier et des personnes avec leurs préférences individuelles.

Il est évident que l'on n'apprendra pas de la même façon lorsque l'on est dans une situation de type universitaire ou lorsqu'il s'agit de faire face à un problème immé-

- **Les domaines les plus abstraits, les plus théoriques nécessitent très souvent d'avoir recours à l'information écrite, à la prise de notes, aux formulations synthétiques.**
- **Lorsqu'il s'agit d'acquérir un « savoir-faire », le recours à l'expérimentation, à des personnes qui savent, s'impose beaucoup plus.**
- **Quant aux « savoir-être », ils s'acquièrent surtout en se plongeant dans des situations concrètes, en écoutant ceux qui réagissent à votre façon de faire, en tirant parti des réussites et des échecs.**

diat de survie. Tout dépend également de l'accessibilité aux moyens et aux ressources qui seront aussi bien des bases de données que le conseil avisé d'un ami.

En reprenant les trois situations personnelles que vous venez d'analyser, vous vous êtes peut-être aperçu d'une certaine ressemblance existant entre les stratégies mises en œuvre. Une véritable similitude est assez rare, car, justement, interviennent les différences dont nous venons de parler, qui dépendent des situations et des domaines.

De façon très générale, nous avons des stratégies très personnelles qui nous sont familières et que nous utilisons de façon préférentielle. Ce peut être, par exemple, commencer à apprendre seul, puis en cas de difficulté se tourner vers des personnes que l'on connaît bien. Ou bien, commencer à chercher dans les livres tout ce qui paraît utile et ne commencer à expérimenter que lorsque l'on est sûr de connaître l'essentiel.

Reconnaître ses préférences pour apprendre permet, en cas de succès, de faire jouer ensuite un « effet de levier » : si cela réussit aussi bien, il faut l'appliquer systématiquement ! Pourtant, **il y a un certain risque à figer ses stratégies d'apprentissage, à ignorer celles qui servent à d'autres et qui pourraient nous convenir : pourquoi ne pas se livrer à des essais de nouvelles pratiques ?**

► Développer de nouvelles activités d'apprentissage

Il est fréquent que les adultes reproduisent les stratégies qu'ils employaient au cours de leurs études, en se privant de moyens qui seraient peut-être plus adaptés à l'évolution de leur personnalité. Il arrive aussi que l'on écarte certaines stratégies parce qu'elles n'ont pas donné tous les résultats attendus la première fois qu'on les a utilisées.

L'encadré suivant présente un certain nombre d'activités qui, combinées, permettent d'élaborer des stratégies d'apprentissage.

Exercice

Voici un certain nombre d'activités. Prenez-en connaissance. Cochez celles que vous pratiquez souvent et aussi celles qui ne vous sont pas familières et que vous pourriez donc essayer.

	Activité habituelle	Activité à développer
• **O**bservation attentive : des comportements, des phénomènes physiques, des savoir-faire.		
• **I**mitation : reproduction de façon de faire paraissant donner de bons résultats.		

	Activité habituelle	Activité à développer
• **R**ecours à l'information écrite avec toutes les caractéristiques qui en font la variété : – **In**itiation (revues et ouvrages de vulgarisation…) – **S**ynthèses (type encyclopédies, y compris sur CD-ROM…) – **Di**dactique (traités, manuels…) – **A**mplitude (bases de données informatisées…) – **S**pécialisation (revues techniques…) • **A**ppel à des experts (ceux qui savent ou savent faire) – **R**econnus comme tels (professeurs, spécialistes…) – **R**econnus par vous-même, parce que vous les connaissez bien ou les appréciez. • **R**ésolution systématique de problèmes – **R**éalisation d'exercices, réponses aux questions posées dans le cadre d'un cours ou d'un manuel… – **R**echerche de solutions à des problèmes qui se posent à vous-même (avec une démarche d'expérimentation, par exemple) • **M**ise en relief de points importants – **E**n soulignant, surlignant, annotant… • **P**rise de notes (voir chapitre 6 : « S'approprier des techniques pour apprendre ») • **É**tablissement de synthèses, de résumés • **R**épétition et entraînement pour s'imprégner, mémoriser • **P**artages d'idées et échanges avec d'autres • **V**érification et validation – **A**pplications – **D**émonstrations – **A**ppel au jugement critique des autres • **A**ppropriation – **R**eformulation (reprise sous une autre forme) – **R**éalisation de schémas, de dessins, de tableaux comparatifs, de matrices… – **R**éactivation (en reprenant, par exemple, un livre ou des notes) • **E**xplications données à d'autres, ou activités d'enseignement		

Il est important d'essayer de tirer parti de ses expériences d'apprentissage. C'est sans doute ce que vous avez fait pour chacune des trois situations retenues, en répondant à la question : « Si cela était à refaire, comment vous y prendriez-vous ? » C'est souvent de cette façon que l'on apprend à apprendre et qu'il est possible de repartir d'un nouveau pied.

Il y a beaucoup à retirer de l'ordre dans lequel on a mis en œuvre les différentes activités et de l'analyse du temps que l'on a consacrée à chacune. On va, par exemple, s'apercevoir que l'on a perdu du temps en s'obstinant à poursuivre des expérimentations peu concluantes au lieu de faire appel plus tôt à des informations externes. Ou bien, on retiendra que l'on n'a pas assez poussé la validation d'un premier savoir-faire acquis et que cela s'est traduit ensuite par des problèmes d'application.

C'est dans les cas de réussite manifeste ou d'échec flagrant que l'on est le plus amené à tirer des leçons de l'expérience.
La prise de recul est toujours intéressante et montre bien comment on peut « apprendre à apprendre ».

Les stratégies d'apprentissage se modifient aussi au cours du temps et comme l'a observé le pédagogue américain Knowles[1], les adultes évoluent vers des démarches caractérisées par :

– la recherche d'une forte motivation : « bien apprendre ce qu'il faut » ;

– le besoin d'autonomie dans l'apprentissage : choix des moyens, des séquences, des temps ;

– un certain rejet des formules perçues comme « scolaires », dont on ne garde pas toujours un bon souvenir ;

– le besoin de replacer ce que l'on apprend dans un ensemble plus vaste ;

– l'exigence de bien relier à l'expérience, au « vécu » : établir des relations avec d'autres expériences, appliquer immédiatement ;

– le souhait de voir les acquisitions validées par soi-même (auto-évaluation) ou par un spécialiste.

Il est normal que vous ressentiez ces besoins et cherchiez à les satisfaire.

Constater que les stratégies d'apprentissage sont éminemment personnelles n'est pas suffisant. Chacun peut mettre en lumière ses propres caractéristiques ou tendances qui l'incitent à apprendre de telle façon plutôt que de telle autre.

1. M. Knowles, *L'Apprenant adulte*, Les Éditions d'organisation, 1990.

Analyser sa propre façon d'apprendre

Vous avez certainement vécu l'expérience, souvent amusante, consistant à observer comment différentes personnes apprenaient à se servir d'un nouvel appareil, que ce soit un magnétoscope, une photocopieuse ou toute machine plus ou moins sophistiquée.

Les uns vont, avant tout, lire de bout en bout la notice de présentation. Après cela, ils repéreront sur l'appareil les différentes commandes décrites sur le plan, puis suivront scrupuleusement tout ce qui est indiqué dans le mode d'emploi.

D'autres déballeront immédiatement l'appareil, le brancheront et commenceront à essayer de le mettre en marche et à l'utiliser. La notice ne sera consultée qu'en cas de blocage du processus.

D'autres encore feront d'abord appel à un collègue ou à un ami pour lui demander de leur montrer « comment ça marche ».

Dans le premier cas, il s'agit de personnes prenant du champ par rapport à la réalité, voulant balayer ce qui est formellement connu avant d'aller à l'expérimentation, privilégiant l'information écrite.

Dans le deuxième cas, nous trouvons ceux qui aiment se confronter directement au réel, font confiance à l'intuition et même à l'improvisation, à l'habileté manuelle et à la faculté de faire des rapprochements avec des situations connues.

Ceux qui préfèrent s'adresser immédiatement à un collègue ou à un ami privilégient la relation personnelle dans l'apprentissage, ont besoin d'un médiateur...

Des observations comparables pourraient être faites dans d'autres domaines, par exemple, à l'occasion de l'apprentissage d'un nouveau logiciel.

À l'école, déjà, nous pouvions remarquer chez nos camarades des façons différentes d'apprendre une leçon de géographie ou un poème, sans qu'il soit pourtant possible de mettre en lumière « la » bonne façon de faire. En fait, il n'y a pas de bonne ou de mauvaise façon, mais seulement ce qui, pour nous, a le plus d'efficacité.

S'intéresser aux préférences individuelles dans le domaine de l'apprentissage peut bien être utile à plusieurs niveaux.

- Lorsque l'on a bien identifié ses propres préférences et qu'elles donnent de bons résultats, on est en mesure de les mettre en œuvre de façon bien plus systématique : il faut reproduire ce qui réussit : « Si j'ai bien observé que je retenais mieux les numéros de téléphone en les ayant répétés plusieurs fois à haute voix, j'ai tout intérêt à procéder ainsi pour en mémoriser d'autres. »

• Certaines de nos préférences ne donnent pas de très bons résultats ou présentent des inconvénients. Pourquoi ne pas essayer d'adopter d'autres façons d'apprendre ? C'est aussi le moyen d'enrichir la palette de ses possibilités : « Si j'ai l'habitude de passer beaucoup de temps à lire l'intégralité d'une notice d'utilisation, pourquoi ne pas essayer d'aller directement à l'essentiel en passant plus vite à l'expérimentation des fonctions principales. »

• La prise de conscience que les autres peuvent avoir des façons d'apprendre différentes amène à la tolérance et permet aussi d'utiliser les préférences de chacun au profit d'une meilleure efficacité du groupe : « Au lieu de nous énerver face à l'apparent manque de rigueur d'un de nos collègues qui nous semble papillonner d'une idée à l'autre, pourquoi ne pas profiter de sa capacité à rechercher des informations dans des contextes très divers ? »

Avoir une idée de ses caractéristiques préférées d'apprentissage – ou de son « profil d'apprentissage » – n'est pourtant pas très répandu. La première raison est que nous nous interrogeons peu à ce sujet, comme si cela relevait pour nous d'une certaine évidence. Il est très rare aussi que les enseignants aient attiré notre attention sur cet aspect capital. Et puis, comme nous l'avons vu à propos des stratégies, tout dépend des situations : un intuitif lorsqu'il lui faudra rechercher la solution à un problème de géométrie se comportera peut-être en hyperrationnel lorsqu'il aura à mettre en ordre des données.

Ici encore se pose la question de l'« inné » et de l'« acquis ». Certaines approches semblent relever d'inclinations naturelles alors que d'autres résultent d'influences fortes de l'environnement. C'est ainsi que s'imposent certains modèles dominants d'apprentissage, influencés par la culture et le système éducatif. Dans tout l'enseignement traditionnel, la préconisation de l'approche déductive est implicite. On commence par l'analyse et l'abstraction avant de se confronter à la réalité. C'est ainsi que l'on apprend à lire la notice avant d'utiliser le nouveau logiciel. Il ne faut donc pas s'étonner que certains individus « réussissent » bien dans tel système éducatif et que d'autres se trouvent « bloqués ». On connaît le cas assez fréquent d'enfants qui, ayant de bons résultats scolaires dans une discipline donnée, en obtiennent de mauvais au moment d'un changement de classe, avec un autre professeur : certaines de leurs préférences d'apprentissage se trouvent certainement contrariées, sans que l'on s'en rende compte. D'autres individus, en revanche, s'adaptent plus facilement à des approches différentes. **La conscience que nous avons de notre profil d'apprentissage est donc souvent brouillée, entre ce qui**

relève de nos inclinations profondes et ce qui, parfois, nous a été plus ou moins imposé.

Par conséquent, il est nécessaire d'essayer, un peu plus systématiquement, de mieux se connaître.

Plutôt « cerveau droit » ou plutôt « cerveau gauche » ?

L'étude des zones d'activité du cerveau et en particulier les travaux du neurophysiologiste américain R. W. Sperry – prix Nobel de médecine en 1981 – ont montré que chacun des deux hémisphères cérébraux présentait une spécificité quant au traitement de l'information et aux processus mentaux. Il s'agit d'une découverte très importante, car le cerveau commande les activités d'apprentissage et intervient dans toutes les phases de celui-ci. Ned Herrmann, dans le cadre de la General Electric Company, a développé des recherches tendant à montrer que les individus peuvent être classés suivant le profil de prédominance de tel mode de comportement rattaché à telle zone du cerveau.

On parle maintenant d'approches qui seraient plutôt « cerveau gauche » et d'autres plutôt « cerveau droit ». Qu'en est-il exactement et quel peut être l'intérêt en ce qui concerne les façons d'apprendre ?

L'hémisphère droit du cerveau, qui contrôle le côté gauche du corps, prévaudrait dans toute approche globale, concrète et émotionnelle de la réalité.

L'hémisphère gauche du cerveau, qui contrôle le côté droit du corps, serait prépondérant dans la pensée analytique et la logique formelle.

Ned Herrmann en tire des conclusions sur la façon d'apprendre[2].

2. « Les Applications pédagogiques de la théorie de la dominance cérébrale », de Ned Herrmann, dans : M. Knowles, *L'Apprenant adulte*, Les Éditions d'organisation, 1990. Voir aussi du même auteur *Les Dominances cérébrales et la créativité*, Retz, 1992. De nombreuses illustrations sont données dans : L. V. Williams, *Deux cerveaux pour apprendre : le gauche et le droit*, Les Éditions d'organisation, 1986.

Cerveau gauche	Cerveau droit
abstraction	créativité
analyse	globalité
logique	qualitatif
quantitatif	intuition
organisation	sensibilité
maîtrise	affectivité
planification	relationnel
détail	expression

– Les personnes ayant une prédominance « cerveau gauche » – qui trouvent donc que les termes situés ici dans la colonne de gauche s'appliquent globalement mieux à leur personnalité – privilégient les approches formelles, bien structurées et séquentielles, les discussions ordonnées à propos de cas, l'utilisation des manuels...

– La prédominance « cerveau droit » – lorsque l'on trouve que les termes ici situés dans la colonne de droite correspondent globalement mieux à sa personnalité – amène à retenir les approches non structurées, imaginatives, fondées sur l'expérience, avec expérimentation et interactivité...

Comme nous l'avons déjà évoqué, l'enseignement traditionnel a très longtemps privilégié les approches de type « cerveau gauche », rejetant ce qui pouvait apparaître comme « fantaisiste », « intuitif », « peu rigoureux ». On aurait maintenant tendance à reconnaître un peu mieux que des caractéristiques de type « cerveau droit », comme le goût pour la découverte, l'initiative, l'écoute, l'échange des idées... sont des atouts très importants pour apprendre.

Peut-être vous êtes vous reconnu comme ayant globalement un profil « cerveau gauche » ou un profil « cerveau droit », ou même de façon plus précise avec une appartenance plus marquée aux dominantes ci-après :

Cerveau gauche	**Cerveau droit**
Dominante rationalité analyse logique quantitatif	*Dominante créativité* qualitatif globalité intuition
Dominante organisation maîtrise planification	*Dominante sensibilité* affectivité relationnel

Une étude très extensive, menée aux États-Unis, a montré que les individus d'une même profession avaient souvent le même profil. Par exemple :

• Cerveau gauche

– Dominante rationalité : Techniciens, financiers...

– Dominante organisation : Administratifs, comptables...

• Cerveau droit

– Dominante créativité : Artistes, créatifs des agences de publicité...

– Dominante sensibilité : Infirmières, musiciens…

En fait, il est très rare que l'on soit totalement identifiable à l'un des types en excluant toutes les caractéristiques des autres : ce serait même presque une infirmité ! Ned Herrmann a bien pris soin de le montrer. Si on ajoute à cela que la mise en œuvre de ses préférences favorise l'efficacité de l'apprentissage et qu'il faut s'exercer à des approches que l'on n'est pas habitué à pratiquer, on aboutit à une application présentée dans le tableau ci-dessous.

Mieux utiliser ses cerveaux **Cerveau gauche**	**Cerveau droit**
Dominante rationnelle	*Dominante créativité*
– Bien exploiter ses qualités d'analyse et de logique, Mais aussi : – Chercher à développer sa sensibilité et les approches interactives…	– Bien exploiter sa spontanéité et son ouverture, Mais aussi : – Pratiquer des approches plus structurées…
Dominante organisation	*Dominante sensibilité*
– Bien exploiter ses qualités d'organisation, Mais aussi : – Stimuler sa créativité…	– Bien exploiter ses qualités relationnelles et sa sensibilité, Mais aussi : – Travailler les approches très rationnelles…

▶ Reconnaître son profil d'apprentissage

Le questionnaire ci-après a pour objet de vous aider à repérer vos préférences.

Pour chacune des grandes caractéristiques des façons d'apprendre figurent trois affirmations, et vous déterminerez si elles vous correspondent « Pas du tout », « Plutôt pas », « Plutôt bien », « Très bien ». Cochez le cercle qui convient le mieux.

Répondez très franchement en essayant de ne pas vous laisser influencer par ce qui pourrait, par exemple, vous apparaître comme une sorte de norme, généralement admise et valorisée.

Ne vous étonnez pas si vos réponses concernant les trois affirmations relatives à une même caractéristique sont différentes : il s'agit d'« approcher » votre préférence qui est, bien sûr, susceptible de nuances.

En ce sens, ce questionnaire n'est pas du tout un « test » dont vous pourriez trouver les résultats à telle ou telle page… c'est plutôt un outil d'auto-analyse.

Exercice **Votre profil d'apprentissage**				
	Cela me correspond			
Approche sensorielle	Pas du tout	Plutôt pas	Plutôt bien	Très bien
• *Vue et supports visuels*				
– **P**our apprendre une nouvelle tâche gestuelle, je préfère avant tout bien regarder comment la personne s'y prend.	O	O	O	O
– **P**our m'expliquer un trajet que je ne connais pas, je préfère que l'on me fasse un plan sur une feuille de papier.	O	O	O	O
– **E**n formation, j'aime bien que l'enseignant se serve du tableau, de l'écran pour projeter des transparents.	O	O	O	O
• *Ouïe et supports oraux*				
– **P**our apprendre une nouvelle tâche gestuelle, je préfère avant tout une explication orale.	O	O	O	O
– **P**our m'expliquer un trajet que je ne connais pas, je préfère qu'on me le dise oralement (1re route à gauche, puis à droite au 2e feu…).	O	O	O	O
– **E**n formation, je m'attache surtout aux explications que l'enseignant donne oralement.	O	O	O	O
• *Toucher et supports physiques*				
– **E**n présence d'un nouvel outil, la première chose que je fais est de le prendre en main.	O	O	O	O
– **P**our travailler, il est important que j'aie un stylo au toucher qui me plaise.	O	O	O	O
– **E**n formation, j'aime beaucoup que l'on fasse circuler un objet, un produit, pour pouvoir le toucher.	O	O	O	O

Les formes de l'intelligence	Pas du tout	Plutôt pas	Plutôt bien	Très bien
• *Approche inductive*				
– J'aime bien observer quantité de cas et ensuite en tirer des conclusions.	O	O	O	O
– Je me méfie *a priori* des grands principes généraux.	O	O	O	O
– Je préfère que les formateurs ne dévoilent pas tout dès le début de leur intervention.	O	O	O	O
• *Approche déductive*				
– Pour résoudre les problèmes, il faut s'appuyer sur des principes bien établis.	O	O	O	O
– Pour me tirer des situations délicates, j'aime bien avoir à portée de main des manuels, des ouvrages de référence.	O	O	O	O
– Le rôle du formateur est d'abord de donner les règles générales : après, on peut appliquer.	O	O	O	O
• *Approche globaliste*				
– Je pense que pour résoudre un problème, il faut prendre beaucoup de recul, sans cela on se perd dans les détails.	O	O	O	O
– La meilleure façon d'apprendre est de se représenter le sujet sous une forme nouvelle, totalement personnelle.	O	O	O	O
– Si ce que dit le formateur n'est pas très ordonné, cela n'est pas grave.	O	O	O	O
• *Approche sérialiste*				
– J'aime comprendre les notions l'une après l'autre avec leur enchaînement logique.	O	O	O	O
– Résumer chacun des points tels qu'ils ont été exposés est une bonne méthode pour apprendre.	O	O	O	O
– J'aime que le formateur sépare nettement chacun des aspects du sujet qu'il traite.	O	O	O	O
• *Rôle de l'imagination*				
– J'entrevois la solution à beaucoup de problèmes à partir d'une sorte de rêve éveillé.	O	O	O	O
– Quand je cherche des idées, j'aime bien tout jeter en vrac sur le papier.	O	O	O	O
– Les gens qui me connaissent bien me considèrent comme créatif.	O	O	O	O

Importance du contexte	Pas du tout	Plutôt pas	Plutôt bien	Très bien
• ***Rôle du relationnel***				
– La meilleure façon pour se renseigner sur un stage me paraît être de contacter quelqu'un ayant déjà réalisé le même.	O	O	O	O
– Avant d'utiliser un nouvel outil, je préfère demander à quelqu'un que je connais de m'en expliquer le fonctionnement.	O	O	O	O
– Ce qui m'intéresse en formation, c'est de me trouver dans un groupe avec lequel il est possible d'échanger et de travailler.	O	O	O	O
• ***Rôle de la relation affective***				
– J'ai beaucoup de réticences à travailler avec quelqu'un qui ne m'est pas sympathique.	O	O	O	O
– Une bonne ambiance de groupe, c'est primordial en formation.	O	O	O	O
– Si le formateur est sympathique, je suis prêt à passer par ce qui est ennuyeux.	O	O	O	O
• ***Plaisir procuré par l'objet étudié***				
– Il m'arrive de passer des heures sur une même activité, sans m'apercevoir du temps qui passe, parce que cela me passionne.	O	O	O	O
– Si je n'aime pas faire quelque chose, j'ai du mal à le faire bien.	O	O	O	O
– Dans mon travail, je fais tout ce que je peux pour privilégier les tâches qui me plaisent.	O	O	O	O
• **B**esoin d'autonomie				
– Mon travail n'est bien fait que si je le fais à ma manière, au besoin sans respecter certaines règles admises.	O	O	O	O
– Pour moi, un voyage organisé, c'est beaucoup trop contraignant.	O	O	O	O
– J'aime qu'un formateur me laisse beaucoup d'initiative.	O	O	O	O

Pratiques habituelles	Pas du tout	Plutôt pas	Plutôt bien	Très bien
• ***Rôle de l'organisation personnelle***				
– Un travail bien planifié est déjà à moitié réalisé.	O	O	O	O
– J'aime établir le programme de ce que je vais étudier.	O	O	O	O
– Généralement, les autres me considèrent comme ordonné.	O	O	O	O

	Pas du tout	Plutôt pas	Plutôt bien	Très bien
• ***Rôle de l'expérimentation***				
– **Q**uand j'utilise un nouvel appareil, la première chose que je fais est d'essayer de le faire marcher.	O	O	O	O
– **A**vant d'avoir vraiment travailler à un poste, on ne sait jamais bien en quoi il consiste.	O	O	O	O
– **E**n formation, j'aime bien faire les exercices d'application qui me sont proposés.	O	O	O	O
• ***Besoin d'explicitation***				
– **Q**uand on me propose une nouvelle tâche, j'ai besoin que l'on m'en explique tous les aspects.	O	O	O	O
– **L**orsque je lis un ouvrage ou un article technique, l'important me paraît être d'avoir tout compris.	O	O	O	O
– **E**n formation, si le formateur ne précise pas le programme et toutes les modalités, cela me gêne beaucoup.	O	O	O	O
• ***Centrage sur la tâche***				
– **D**ans mon travail, je n'aime pas mener plusieurs choses de front.	O	O	O	O
– **C**haque chose en son temps : il ne faut pas tout mélanger.	O	O	O	O
– **D**ans un cours, j'aime bien que le formateur reste centré sur le sujet et ne fasse pas de digression.	O	O	O	O

▶ Analyse

Essayons de tirer parti de vos réponses. Pour chacune des caractéristiques (« Vue et supports visuels », « Ouïe et supports oraux », etc.), deux grandes situations peuvent se présenter :

• **Vos réponses se situent toutes dans la zone positive** : « Plutôt bien » et « Très bien », **ou toutes dans la zone négative** : « Pas du tout » et « Plutôt pas ».

Votre profil est bien marqué. Par exemple, vous avez répondu : « Cela me correspond plutôt bien » ou « très bien » aux questions portant sur la vue et les supports visuels. Cela signifie que la vue joue un rôle important dans votre apprentissage. Si vous avez répondu : « Pas du tout » ou « Plutôt pas », ce serait le contraire.

– **Vos réponses sont dispersées** et même, à la limite, il y en a une en « Pas du tout » et l'autre en « Très bien ».

Votre profil n'est pas marqué, des variations sont possibles suivant les situations. Cela signifie peut-être aussi que vous savez faire preuve de souplesse dans ce domaine.

De toute façon, il convient de répéter qu'il n'y a pas de bonnes et de mauvaises façons d'apprendre. Le point essentiel est d'atteindre une bonne efficacité.

Reprenons les grandes rubriques du questionnaire.

▶ L'approche sensorielle

On considère souvent que le fait d'être plutôt « visuel » ou plutôt « auditif » est une des distinctions essentielles concernant les façons d'apprendre.

Le **visuel** a besoin qu'on lui montre, il traduit ses pensées en images, aime les représentations graphiques.

L'**auditif** a besoin qu'on lui explique oralement, il traduit ses pensées en mots, il aime les sons.

À côté d'aspects qui sont certainement innés, la part de l'éducation et l'influence de l'environnement sont grandes : le fait que quantité de messages nous parviennent par les écrans tend certainement à nous rendre plus visuels.

Bien que la mixité des approches soit très répandue, il est néanmoins utile de chercher quelle est sa préférence, même relative, afin de bien l'utiliser. Cela est particulièrement valable pour la mémorisation. Le « visuel » a intérêt à multiplier les associations d'images, la traduction en dessins, schémas. L'« auditif » gagne à s'entraîner, à répéter, à s'imprégner d'une sorte de chanson rythmée.

Ne négligeons pas non plus les autres sens. Le toucher est en particulier très utile dans tous les apprentissages nécessitant une manipulation et l'on peut s'y exercer : percevoir les différences des états de surface, développer son adresse manuelle... Goût et odorat ont leur importance dans des apprentissages très spécifiques.

▶ Les formes de l'intelligence

Induction et déduction sont, du point de vue de la logique, considérées comme des démarches essentielles de l'esprit, si possibles complémentaires. Claude Bernard écrivait : « Il me paraît bien difficile de séparer nettement l'induction et la déduction. »

Il n'en reste pas moins que nous pouvons, ici aussi, avoir nos préférences ayant des répercussions importantes sur la façon d'apprendre.

Le **déductif** utilise une démarche partant de la règle générale, pour aller au particulier ou à l'application. Il préfère les domaines où l'on travaille à partir de grands principes abstraits, comme le droit, par exemple. Il aime appliquer ces principes à la réalité. Pour lui, l'enseignant est plutôt un modèle.

L'**inductif** part des objets perçus, des cas particuliers, des expériences vécues, pour en tirer des conclusions, des lois. Il préfère les domaines où l'on travaille de façon très proche de la réalité, comme par exemple les sciences expérimentales. Il aime procéder par questionnements et tâtonnements. Pour lui, l'enseignant est plutôt quelqu'un qui doit faciliter sa démarche.

> **Exemple**
>
> *Propos recueillis auprès de participants à des actions de formation :*
>
> ***Un sérialiste :***
>
> *« Je raisonne sur un mode de fonctionnement ingénieur : une chose à la fois. Je pars des choses très très simples et je boucle un exemple. À partir de là, je peux progressivement aller plus loin... » Jean-Marc, 33 ans.*
>
> ***Un globaliste :***
>
> *« Moi, ma façon d'apprendre, c'est de reconnaître la structure : c'est comme une sorte d'arbre. Et puis après, je vois où il manque des branches, des feuilles et je vais les mettre... » Éric, 35 ans.*

La distinction entre **sérialistes** – qui progressent de façon linéaire et ont tendance à reproduire les raisonnements très séquentiels – et les **globalistes** – qui cherchent à construire une structure à eux permettant de prendre en compte l'essentiel des informations – est certainement aussi influencée par l'éducation reçue. L'enseignement traditionnel incite très souvent à suivre la voie « sérialiste ».

Les **imaginatifs** génèrent spontanément beaucoup d'images et les associent.

▶ L'importance du contexte

La sensibilité aux rapports avec les autres, à la relation affective, au plaisir procuré par l'objet étudié est un levier très puissant. Celui qui la possède apprendra alors bien plus facilement s'il trouve l'enseignant sympathique, s'il s'entend bien avec les membres du groupe, s'il apprécie l'ambiance, s'il est passionné par les thèmes étudiés. Les jeux d'apprentissage, y compris les jeux informatisés, vont bien dans le sens de cet attrait.

D'un autre côté, la sensibilité au contexte peut être génératrice de blocages. On connaît, par exemple, le cas d'enfants qui se braquent face à un professeur qu'ils n'aiment pas, mais cela joue aussi bien pour les adultes. Dans un contexte ressenti comme peu favorable, on a donc tout intérêt à prendre un peu de recul et à surmonter son affectivité.

Le fait d'être autonome dans son apprentissage, de préférer un cadre peu structuré assurant une zone de liberté et d'initiative est très utile dans tous les cas où l'on décide de maîtriser le processus et de recourir à des moyens d'autoformation. Le système éducatif, nous l'avons vu, ne développe pas toujours cette autonomie. On peut s'y exercer en essayant de « prendre des risques » : rechercher soi-même les informations nécessaires à sa formation, expérimenter d'autres supports ou méthodes, dresser son propre programme de travail, se centrer sur l'auto-évaluation...

▶ Les pratiques habituelles

Le rôle joué par l'organisation et l'expérimentation, le besoin d'explicitation, le centrage – ou non – sur une tâche sont autant de pratiques qui caractérisent la façon d'apprendre. On pourrait même en citer d'autres.

Ici aussi, on cherchera à s'appuyer sur ses préférences et, peut-être plus que dans d'autres domaines, à s'essayer dans des voies différentes pour enrichir la palette de ses façons d'apprendre.

> **Exemple**
>
> ***Le besoin d'explicitation***
>
> *« J'ai besoin de maîtriser l'intégralité. Cela vient peut-être de ma formation scientifique où il ne faut pas passer à une ligne sans avoir compris toutes les précédentes. Cela tient peut-être aussi à ma curiosité naturelle. Toujours est-il que, d'un autre côté, c'est sans doute un défaut, car cela me prend énormément de temps, comme je ne peux pas laisser un point que je n'ai pas compris... »*
> *Bruno, 34 ans.*

Le besoin d'explicitation peut, par exemple, être considéré comme une force : cela signifie baliser l'environnement, bien aller jusqu'au bout des choses.

Vouloir tout savoir, ne laisser aucune zone d'ombre est pourtant aussi un comportement risqué, très demandeur en temps, avec un rythme d'apprentissage fortement perturbé lorsque se présente un obstacle. Pourquoi ne pas s'essayer, de temps à autre, à être moins absolu, plus « insouciant », à « deviner » ? On s'apercevra sans doute que tout ne se passe pas plus mal.

Se pencher sur sa façon d'apprendre est une démarche très féconde, et il est bien rare que d'autres le fassent pour vous ! De temps en temps – et pas simplement lorsque cela ne va pas –, il faut prendre le recul nécessaire pour s'observer en situation : Comment ai-je procédé ? Qu'est-ce qui m'a réussi ? Et si j'essayais autrement ?

Exercice

En reprenant ce chapitre et tout particulièrement vos réponses au questionnaire, notez ici :

Les préférences marquées caractérisant votre profil d'apprentissage	Les démarches qui vous sont moins familières et que vous auriez intérêt à pratiquer
....	....
....	....
....	....

PARTIE

II

COMMENT PROFITER AU MIEUX DES OPPORTUNITÉS DE FORMATION ?

CHAPITRE 3

Apprendre par l'expérience

CHAPITRE 4

Participer efficacement à une session de formation

CHAPITRE

3

APPRENDRE PAR L'EXPÉRIENCE

On redécouvre actuellement tout l'intérêt de la formation par la pratique. Pour se former en situation, il est préférable de retenir une démarche systématique, mais l'essentiel est peut-être d'adopter et de conserver une « attitude apprenante ». Les occasions formelles d'apprentissage en situation sont nombreuses : formation sur le tas, groupes d'étude et de résolution de problèmes... De façon plus large, il faut savoir saisir les multiples opportunités d'apprendre par l'expérience ainsi que des personnes avec qui l'on est en contact. Cette démarche est complémentaire, et non antinomique, de celle qui consiste à suivre une formation de type habituel.

Si le niveau de formation et les diplômes sont des atouts importants pour l'entrée dans la vie professionnelle et le développement des carrières, l'expérience – ici assimilée à la pratique – y joue également un rôle essentiel. C'est même souvent un drame pour les jeunes diplômés de se trouver devant des offres d'emploi stipulant que, pour postuler, il est indispensable d'avoir plusieurs années d'expérience et quelquefois dans des domaines extrêmement pointus. Pas d'expérience, donc pas d'emploi et pas d'emploi, donc pas d'expérience possible...

Cette fameuse expérience est difficile à définir, tant chaque situation pratique est spécifique :

« L'expérience, c'est ce qui s'est construit au fil du temps, individuellement et collectivement, dans l'intimité des personnes, dans leur corps, leur intelligence, leur imaginaire, leur sensibilité, dans la confrontation quotidienne avec le réel et la nécessité de résoudre des problèmes de toute nature.[1] »

L'expérience peut très bien se développer en dehors des structures éducatives formalisées. Ce que nous allons voir relève plus d'une logique d'action que d'une logique pédagogique préétablie avec des programmes, des méthodes, des maîtres, des supports de formation…

Le rôle de l'individu est absolument capital même si l'expérience s'exerce souvent en groupe et si la dimension sociale est ici bien présente. Cette voie de la pratique personnelle assure le maximum de souplesse et il y a même un gain de temps possible par rapport aux formations formelles, puisque tout se fait en situation et au moment opportun. De multiples « terrains » s'offrent à l'expérience : la vie familiale, l'exercice des loisirs, la vie associative, la vie professionnelle…

Apprendre à partir de ses expériences personnelles est aussi le gage d'une assimilation et d'une appropriation très grandes des savoir-faire et des connaissances, particulièrement pour les « exigences transversales » qui figurent très souvent dans les annonces d'offre d'emploi : capacité à innover, capacité à déceler et à exploiter les opportunités, sens des responsabilités, autonomie, etc.

▶ L'apprentissage intuitif ne suffit pas

D'un point de vue très pragmatique, on pourrait considérer que la capacité à apprendre est totalement innée et que, de ce fait, il ne serait besoin ni de s'y efforcer ni de s'y entraîner, la vie se chargeant de nous apprendre les choses ! Cette opinion est-elle bien convaincante ?

• « **L'apprentissage intuitif** » se développe sans que l'on soit conscient de l'acquisition.

Nous sommes quelquefois totalement immergés dans la situation et, par observation, répétition ou imprégnation, nous acquérons des connaissances ou des savoir-faire, sans nous en rendre compte. C'est le cas de cet enfant en voiture avec sa mère qui, à la suite d'un malaise cardiaque de celle-ci, avait pu se glisser au volant et arrêter la voiture sur le bas-côté. Il savait le faire sans l'avoir appris, sans être conscient de le savoir et il aurait été bien incapable de dire auparavant : « Je sais le faire. »

1. J. Jobert, « La place de l'expérience dans les entreprises », in *La Formation expérientielle des adultes*, La Documentation française, 1992.

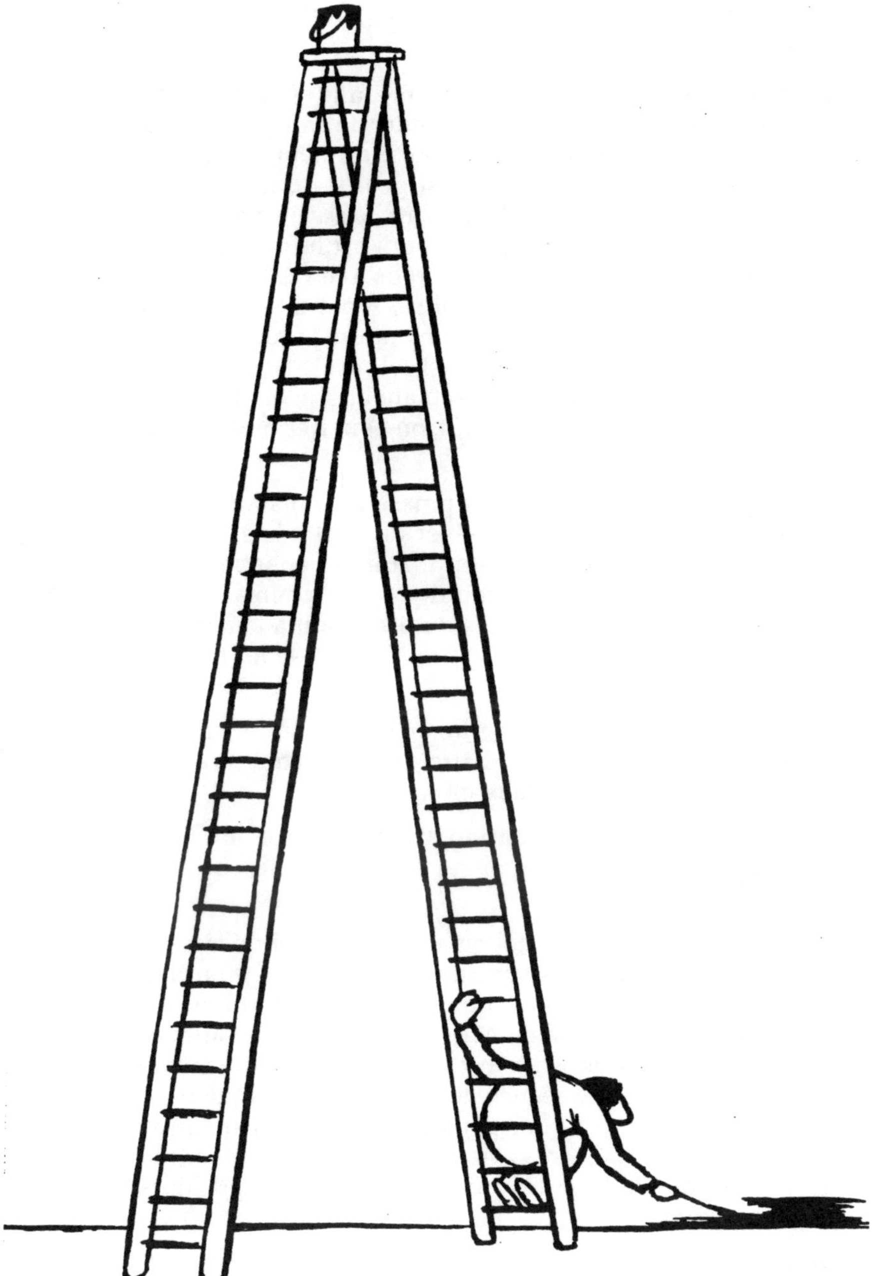

Chapitre 3 : Apprendre par l'expérience
Chaval, *Les Cent Meilleurs Dessins*, © Le Cherche Midi éditeur, 1988.

• L'expérimentation, que l'on pourrait appeler l'« **expérience ordonnée** », est une démarche plus active.

On entreprend d'expérimenter parce que l'on a une certaine motivation par rapport au résultat. J'essaye d'ajouter de l'alcool à brûler à la peinture afin de la diluer (entre nous, ce n'est peut-être pas la meilleure façon de faire !) : le résultat est positif ou négatif, ou même peu significatif. Cela relève de la démarche essai-erreur-nouvel essai, etc. Dans cette expérimentation, qui est loin d'être une simple contemplation de la réalité, j'ai cherché à résoudre un problème et, dans un certain sens, je l'ai résolu... À partir du moment où je tire des conclusions de cette expérimentation, je vais pouvoir les appliquer à mon activité future. Même si cela est la façon la plus courante pour apprendre dans la vie sociale et si c'est une des « habiletés » les plus importantes de la vie, on peut très bien ne pas avoir conscience d'avoir appris.

Il semble bien qu'une dynamique plus puissante s'instaure lorsqu'une certaine distanciation est prise par rapport à la situation vécue, soit par une simple intériorisation◆ ou par échange avec quelqu'un d'autre avec qui l'on communique sur la démarche de réussite ou d'échec. Dans certains cas, on ira jusqu'à consigner par écrit les résultats dans l'intention de les fixer et de les mémoriser.

◆ *C'est-à-dire dans la tête de l'individu.*

Apprendre par l'expérience, c'est prendre un certain recul par rapport à cette expérience, y réfléchir et en tirer une leçon qui sera susceptible de modifier notre comportement futur.

• Mener une expérience **dans l'intention d'apprendre** et non dans l'objectif de résoudre un problème ponctuel est une approche plus volontariste.

Vous demandez par exemple à un collègue de vous expliquer comment on entre certaines données sur un terminal. Vous prendrez plusieurs types de données, vous vous exercerez, chercherez à obtenir des informations complémentaires en cas de difficulté et cela jusqu'au moment où vous estimerez savoir le faire. De la même façon, vous vous rendez à une séance de démonstration organisée par un fournisseur « parce que vous pensez en apprendre quelque chose ». C'est un état d'esprit très orienté sur l'apprentissage ; la phase de réflexion pour en tirer des leçons pour l'avenir sera alors bien plus systématique.

Cependant il n'y a pas là de jugement de valeur sur ce qui pourrait être considéré comme une certaine hiérarchie des façons d'apprendre par l'expérience.

L'apprentissage intuitif et par imprégnation est de première importance pour la vie courante, mais il ne suffit pas. L'approche volontariste de l'apprentissage par l'expérience retiendra plus notre attention : essayons d'en approfondir le processus.

Le processus d'apprentissage volontaire

Un modèle : le cycle de Kolb

Suivant l'approche de D. A. Kolb[2], l'apprentissage est un processus sans fin et constamment répété. Il se présente comme un cycle :

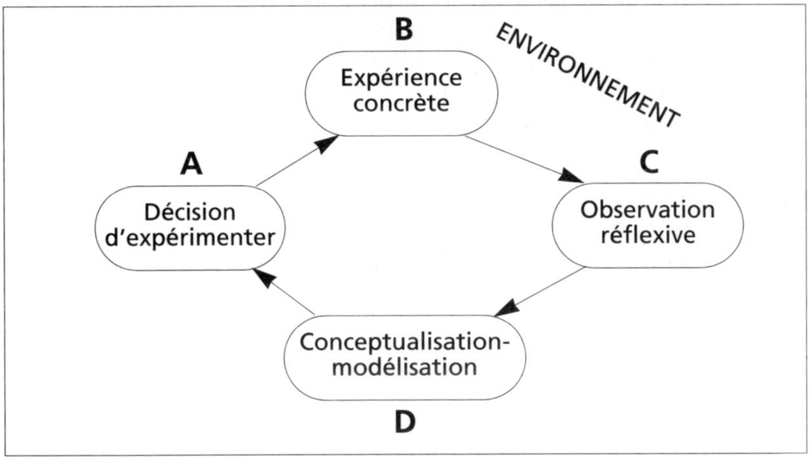

Tout se déroule dans le temps.

En relation avec une situation donnée, on décide d'agir : « Décision d'expérimenter » (A).

C'est alors que se déroule l'expérience : « Expérience concrète » (B), qui fait l'objet d'une prise de recul, d'une réflexion sur ce qui s'est passé et sur la façon dont cela s'est passé : « Observation réflexive » (C). On en tire des conclusions en relation avec cette sorte de « théorie personnelle » que l'on avait déjà à propos de la situation en question : « Conceptualisation-modélisation » (D), ce qui amène à envisager une nouvelle action : « Décision d'expérimenter » (A), etc.

L'environnement est le cadre dans lequel se déroule le cycle. Ce cadre n'est pas neutre et, de ce fait, certaines phases seront facilitées ou contrariées. La démarche expérimentale est, en effet, plus ou moins favorisée ou tolérée par le milieu. Dans les pays anglo-saxons, par exemple, on admet beaucoup plus le droit à l'erreur que dans les pays latins. Il se peut aussi que l'organisation dans

2. D. A. Kolb, *Experiential Learning*, Englewood Cliffs, N. J., Prentice Hall, 1984.

laquelle on se situe (famille, entreprise, école...) facilite ou même organise cette expérimentation. Le maître d'apprentissage, dans un atelier, choisit les travaux à réaliser, guide l'apprenti, l'aide à corriger sa démarche, etc.

La conceptualisation-modélisation est susceptible d'être influencée par un expert auquel on peut recourir, ou par un livre, un mode d'emploi...

L'intérêt de la notion de cycle est de montrer que l'apprentissage par expérience est un processus répétitif. La plupart du temps, ce n'est pas parce que l'on aura tiré une leçon que celle-ci sera définitive. Les ajustements concerneront le mode opératoire, qui sera rectifié. Mais il peut aussi se produire un « double bouclage », dans lequel la nouvelle expérience bouleverse complètement notre façon de voir, nos valeurs et nos croyances. Cela donnera une orientation très différente à la poursuite du cycle.

▶ Les paramètres du modèle

Comme tout modèle, le cycle de Kolb est nécessairement simplificateur. Des nuances et des compléments sont à apporter :

• La durée totale de déroulement du cycle est variable, tout comme la durée de chacune des phases. Par exemple, une demi-heure pourra être nécessaire pour tirer le bilan (observation réflexive) d'une première expérience de vente s'étant déroulée pendant une journée ; alors que trente secondes suffiront pour comprendre les causes d'une erreur de réglage sur une machine.

Tout dépend donc des situations mais aussi des personnes. Certains attacheront beaucoup plus d'importance à telle ou telle phase. Ce n'est guère étonnant, si l'on considère les préférences que nous pouvons avoir pour l'action ou la réflexion, pour l'abstrait ou le concret. On dit quelquefois : « Tout ce qui est opposé à nos préférences consomme beaucoup de temps ou... peu de temps (si on le bâcle). Tout ce qui va dans le sens de nos préférences prend peu de temps ou... beaucoup (si l'on s'y complaît). De toute façon, ce que l'on fait le mieux est ce que l'on a le plus de plaisir à faire. » Les profils d'apprentissage◆ sont certainement à prendre en compte ici.

◆ *Se reporter au chapitre 2.*

• L'expérience concrète est souvent une suite vague et parfois confuse d'actions et de réflexions avec des associations, des connexions, des transitions... Le sujet qui expérimente est à la fois en situation et hors situation. Il ne peut – heureusement – s'empêcher de réfléchir et attendre une phase d'observation postérieure ! C'est ainsi que, tenant compte des premières réactions d'un acheteur potentiel, on abandonnera peut-être très vite l'argumentation que l'on avait commencé à développer, si celle-ci ne semble pas convenir.

• Il n'y a pas une discontinuité très grande entre les phases mais plutôt une certaine fluidité, comme entre le passé et le futur, par exemple. L'expérience passée prend même une nouvelle coloration du fait de l'expérience actuelle. On connaît cette tendance à réécrire le passé. Cette fusion est d'autant plus sensible que, comme on l'a dit souvent, « nous apprenons pour oublier ». C'est-à-dire, pour acquérir des automatismes susceptibles de nous faciliter la vie.

Compte tenu de ces nuances (et parfois de ces restrictions), le modèle du cycle de Kolb est capable de nous aider à mieux comprendre le processus d'apprentissage et à nous mettre dans l'attitude qui nous permettra d'exploiter plus complètement sa dynamique.

Adopter une « attitude apprenante »

Adopter une « attitude apprenante », c'est s'orienter vers l'objectif d'apprendre et se mettre en position de l'atteindre. Il y a donc un aspect volontariste qui, au début, pourra sembler inutile à ceux qui pensent que l'apprentissage est naturel et qu'il n'est donc pas nécessaire de s'y efforcer. Avec le temps, cela deviendra une disposition d'esprit, une inclination et même, pour certains, une sorte de jeu. Il est en effet assez amusant de profiter ainsi de certaines situations pour apprendre sans que les autres s'en aperçoivent. La clé est sans doute de se dire : « Que pourrais-je apprendre ici ? Je vais apprendre… quelle chance ! »

L'attitude apprenante est susceptible de s'appliquer aux différentes phases du cycle de Kolb.

La décision d'expérimenter (A)

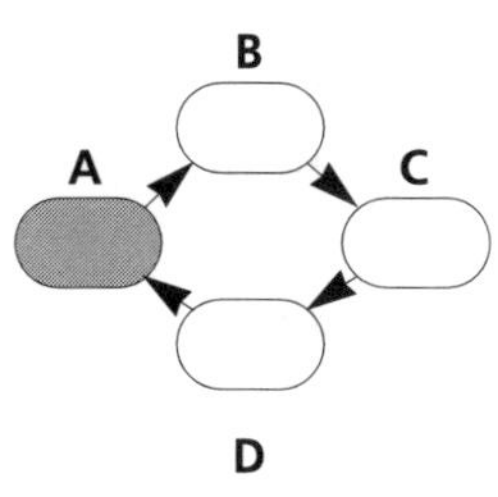

Il s'agit ici d'être ouvert aux occasions d'apprendre par l'expérience et de se tenir prêt à le faire : c'est s'orienter vers l'action.

La curiosité mais aussi l'acceptation d'un certain risque sont une aide. La tentation est parfois assez grande de se contenter d'une approche théorique. Si l'on veut apprendre à négocier – habileté qu'il est certainement de plus en plus nécessaire de posséder –, il faudra lire un livre sur les techniques de négociation. Cela apportera d'excellents principes, mais il n'est pas du tout évident qu'on puisse les appliquer tels quels et, surtout, avec succès… Les prescriptions seront vite oubliées si elles ne sont pas mises en œuvre. Il restera à s'« approprier » ces principes : seule l'expérience permettra de les valider et d'y apporter cette touche personnelle indispensable.

▶ L'expérience concrète (B)

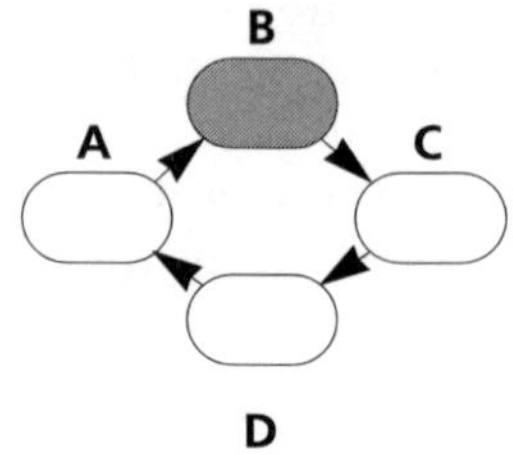

Certains d'entre nous préfèrent « se jeter à l'eau » sans grande préparation. Ce sont ceux qui ne liront jamais un guide avant de se rendre dans un pays qu'ils ne connaissent pas, ou qui n'éprouveront pas le besoin de consulter le manuel d'utilisation avant de se servir d'un nouvel appareil. D'autres ont besoin de préparer leur expérimentation. Dans certains cas, la pratique est assez subtile et ne peut être découverte qu'après avoir fait un certain effort. Parmi les qualités qui sous-tendent l'attitude apprenante et qu'il faut s'efforcer de développer, les plus importantes sont l'observation, l'écoute et le questionnement.

• L'observation

C'est la base même de l'imitation, qui est un mode d'apprentissage fondamental dans certains domaines. Un enregistrement filmé d'une leçon de violoncelle donnée par Pablo Casals illustre bien cette méthode : le maître joue lui-même une phrase musicale et demande à l'élève de jouer exactement de la même façon. L'exercice se poursuit jusqu'à ce que l'élève ait parfaitement reproduit ce qui lui était montré par le maître.

Le choix du modèle est capital : essayer de reproduire l'accent d'un professeur de langue qui prononce de façon incorrecte n'est pas une bonne formule.

L'observation est une démarche exigeante. Un geste apparemment simple, mais qui est le résultat d'une très longue pratique, peut être très difficile à observer et à imiter. Un bon observateur doit ainsi être capable d'une grande concentration.

• L'écoute

L'écoute est très liée à l'observation. Il faut savoir écouter ceux qui ont quelque chose à dire à propos de leur pratique. L'écoute implique une certaine humilité, disposition d'esprit difficile à adopter lorsque l'on est un adulte ayant lui-même une longue expérience. Carl Rogers écrivait : « Je constate qu'une des meilleures façons pour moi d'apprendre, bien que ce soit la plus difficile, consiste à abandonner mon attitude défensive, au moins provisoirement, pour essayer de comprendre comment l'autre personne conçoit et éprouve sa propre expérience.[3] »

Cette difficulté est souvent rencontrée dans les formations concernant les cadres supérieurs. L'habitude de défendre constamment son point de vue et de résister aux critiques rend extrêmement difficile la remise en cause. « Lâcher prise » est souvent indispensable pour apprendre, et ce n'est pas un exercice très aisé.

D'un autre côté, il est important d'écouter aussi ce que les autres peuvent dire à propos de ce que vous faites ou dites vous-même. L'attitude apprenante consiste à essayer de tirer parti de ce retour d'information. Toute la difficulté consiste à se centrer sur l'écoute sans, à ce moment, chercher à se justifier ou à se défendre. Même si ce « feed-back » des autres apparaît quelquefois injuste, il s'agit de la perception d'autrui et il faut en tenir compte.

Il ne suffit pas d'écouter, il est souvent nécessaire de vérifier que l'on a bien compris et de prouver que l'on a été attentif à ce que disait ou montrait un interlocuteur. La « reformulation », qui consiste à reprendre fidèlement ce qui a été dit mais sous une autre forme, en est le moyen. Il convient de s'y exercer.

Exemple

• *Reformulation d'élucidation : « Si j'ai bien compris ce que vous avez dit, on s'expose à des ennuis si l'on n'agit pas à temps sur le dispositif. Est-ce bien cela ? »*

• *Reformulation synthétique : « Si j'essaye maintenant de reprendre la marche à suivre que vous m'avez montrée, j'arrive à cela [...]. Pouvez-vous me dire si j'ai bien compris ? »*

• **Le questionnement**

Observer et écouter ne suffit pas toujours. Si l'on veut aller plus loin, obtenir des explications, il est nécessaire de mener une démarche plus active. Le questionnement est une manière simple d'obtenir plus. Pourtant, il n'est pas rare que l'on éprouve des réticences à poser des questions pour savoir comment les autres font telle ou telle chose : par crainte d'essuyer une rebuffade ou par peur d'apparaître soi-même incompétent. On retrouve ici la dimension nécessaire d'une certaine modestie. L'essentiel est peut-être de faire sentir que l'on est animé d'une curiosité justifiée.

Exercice

Entraînez-vous à poser ces types de questions :

• **Q**uestions ouvertes : « Que se passe-t-il s'il y a eu une défaillance à ce niveau ? » ou « Que peut-on faire lorsque des membres de l'équipe ne sont pas d'accord ? »

• **Q**uestions fermées (oui, non) : « Se peut-il que l'on ait à agir seulement sur B ? »

• **Q**uestions à choix alternatif : « Entre A, B, et C, que vaut-il mieux choisir à votre avis ? »

• **Q**uestions miroir : « D'après l'idée que je m'en fais, il vaudrait mieux commencer par étudier D. Qu'en pensez-vous ? »

3. C. Rogers, *Liberté pour apprendre ?*, Dunod, 1972.

Beaucoup de gens aiment montrer ce qu'ils savent faire : se raconter, indiquer des modes opératoires et même aider sont autant de moyens de valorisation personnelle.

Pour un questionnement efficace, il faut, ici encore, s'adresser aux bons interlocuteurs, c'est-à-dire aux personnes ayant quelque chose à dire et susceptibles de l'expliquer. Il y en a beaucoup plus qu'on ne le pense *a priori*. Retenons comme une piste ce « besoin de transmission » qu'éprouvent souvent les gens âgés.

▶ L'observation réflexive et la conceptualisation-modélisation (C) et (D)

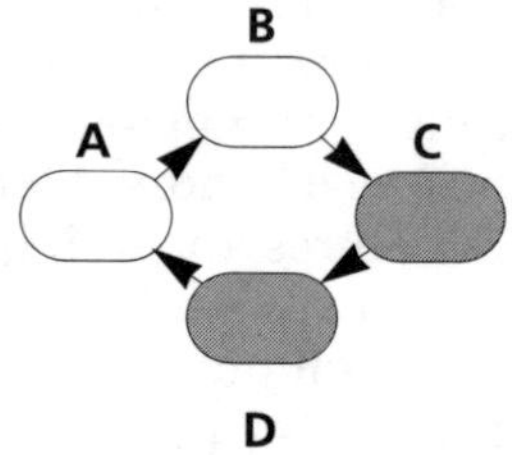

Les deux phases ont été ici regroupées. Comme on l'a vu plus haut, les interférences sont en effet fréquentes.

Il s'agit ici de tirer parti de l'expérience ou d'en « tirer les leçons ». Le degré de formalisation sera bien entendu variable, l'essentiel étant d'extraire ce qui est significatif de l'expérience et de se « construire un savoir » dans ce domaine.

On peut subir un événement et ne rien en retirer, ou s'efforcer – et ensuite en prendre l'habitude – de tirer des leçons de toutes les situations vécues.

Lorsque l'on apprend en groupe, il est toujours positif de voir un « facilitateur » poser des questions telles que : « Comment avez-vous réagi par rapport à telle difficulté rencontrée ? Pourquoi ? Quelle est votre analyse ? Que peut-on en retirer qui nous serait utile pour une autre expérience dans un domaine voisin ? »

▶ L'adaptation à l'environnement

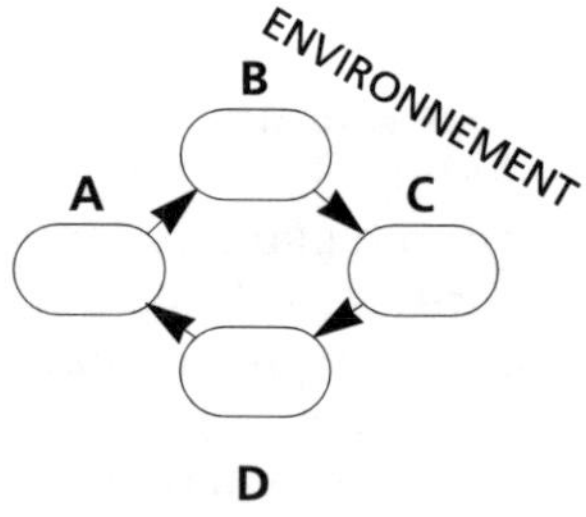

Il serait dangereux de tomber dans l'illusion qui consiste à croire que tout environnement accepte sans problème l'apprentissage par la pratique et l'expérimentation. Certes, il est souvent très bien admis d'apparaître comme quelqu'un qui est là « aussi » pour apprendre, mais cela risque quelquefois d'être perçu comme une faiblesse.

Certaines entreprises de services demandent aux débutants en contact avec le public de porter un badge sur lequel est écrit « stagiaire ». Le message implicite est le suivant : « Soyez indulgent avec quelqu'un qui est en situation d'apprentissage. » En fait, les réactions du public sont en général très positives : la tendance est d'aider celui qui est désigné comme un apprenant. Pourtant, si une difficulté se présente, on préfère être en face de quelqu'un de compétent, et le statut d'apprenant devient alors un handicap. L'apprentissage sur le tas est loin d'être réservé aux fonctions subalternes. Dans l'Égypte ancienne, lorsque Pharaon estimait que son rôle était près de s'achever, il nommait un successeur qui devenait co-régent. Le vieux roi lui apprenait le métier.

Apparaître comme un « éternel étudiant » n'est pas un idéal à poursuivre, de la même façon que peut être mal perçu celui qui demande constamment à suivre des stages de formation, sans qu'il y ait de résultat au niveau de l'action. Il faut manifester beaucoup d'intérêt pour la formation, mais en choisissant le moment, le contexte et les personnes avec qui on le fera.

C'est dans toute la variété de son environnement (famille, mouvements associatifs, entreprise...) que l'on aura des occasions d'apprendre par l'expérience. Il faudra les déceler, quelquefois les faire naître et, bien sûr, les exploiter.

Exploiter les occasions fournies par la vie quotidienne

S'appuyer sur des « personnes-ressources »

Chacun de nous a le souvenir d'une ou plusieurs personnes qui nous ont beaucoup appris et envers qui nous avons une dette de reconnaissance. Ce sont des grands-parents, une institutrice, un ami ou peut-être même quelqu'un rencontré brièvement.

Nous avons apprécié chez cette personne des qualités comme la compétence, l'écoute, la faculté de guider, la clairvoyance sur nous-même, l'humanité, etc. Cette relation est souvent empreinte d'affectivité, avec le sentiment d'être entré en accord profond. Il se peut aussi que nous reconnaissions – souvent après coup – avoir beaucoup appris de quelqu'un que nous n'aimions pas beaucoup, quelquefois même d'un adversaire.

Plus encore, quelqu'un a pu exercer sur nous une véritable fascination et nous avons souhaité le prendre pour « modèle », ne serait-ce que pendant une période de notre vie. Le héros auquel on tend à ressembler a souvent été magnifié dans la culture classique. S'inspirer d'un modèle reste un phénomène tout à fait actuel. C'est ainsi que certains sportifs choisissent, pour un temps, un champion qu'ils s'efforcent d'imiter. Ils recueillent toute l'information possible sur ses méthodes d'entraînement, ses performances, ses « gestes » particuliers et essayent constamment de s'en imprégner. La sympathie envers le modèle est souhaitable, mais pas obligatoire.

Les occasions d'apprendre sont beaucoup plus nombreuses qu'on ne le pense au premier abord. Le problème est qu'elles ne sont que rarement reconnues et pas toujours complètement utilisées. Il faudra donc chercher à déceler ces opportunités, à les saisir et à les exploiter à des fins de formation.

En développant son sens de l'observation, en prenant le temps d'un peu de recul, la vie courante foisonne d'opportunités pour apprendre : c'est l'« école de la vie ».

• Convainquez-vous que vous pouvez apprendre de chacun et même de ceux qui ne ressemblent en rien à l'image que vous vous faites d'un professeur.

• « Observez », « écoutez », « questionnez », comme cela a été dit plus haut et avec toute la discrétion et même le respect que peut imposer tel ou tel environnement. Écouter, c'est aussi essayer de comprendre, ne pas critiquer et souvent faire le premier pas.

▶ Le domaine relationnel

Que ce soit en famille, avec des amis, les gens dans la rue, dans les magasins, les administrations... nous sommes en relation quotidienne avec quantité de personnes.

L'attention portée au comportement des autres est un bon moyen pour s'approprier des « savoir-faire » : manière de faire passer un message difficile, façon de rechercher telle information, astuces d'organisation personnelle et de gestion de son temps...

S'inspirer de ceux que l'on admire vient renforcer le « savoir-être » : approche positive des problèmes, enthousiasme, courage face à la maladie...

▶ L'information

Même s'il n'y a pas d'intention éducative formelle, la lecture des journaux et des revues, l'écoute de la radio et de la télévision offrent de formidables occasions d'apprendre.

La lecture d'un article présentant les conséquences de l'introduction de l'euro me permettra, par exemple, de profiter bien plus encore d'un débat télévisé sur ce thème...

• Soyez plus sélectif : choisissez, plutôt que d'être un récepteur d'informations.

• Essayez de prendre du recul, d'avoir une attitude critique à l'égard de l'information.

• Efforcez-vous de vous approprier. Par exemple, en échangeant avec quelqu'un sur ce que vous avez vu et entendu, sur ce que vous en avez pensé.

Même si nous restons passifs dans notre face-à-face avec ces médias, il y a quelques chances que joue l'effet d'imprégnation... mais lorsque le sujet nous intéresse ou nous concerne, mieux vaut nous mettre d'emblée dans l'« attitude apprenante ».

▶ Les « hobbies »

Cultiver ses passe-temps favoris est un excellent moyen d'apprendre. On lit sur le sujet, on recherche des informations auprès d'experts, on rencontre d'autres « fanatiques » et on communique sur son expérience... L'impulsion d'une forte motivation est alors un atout essentiel.

> **Exemple**
>
> ***Confidences d'un apiculteur amateur***
>
> *« ... Vous serez peut-être surpris si je vous dis que ce n'est pas produire du miel qui m'intéresse vraiment... Ce qui me plaît, c'est observer les abeilles, les voir vivre et peut-être essayer de les comprendre. Savez-vous que les abeilles communiquent entre elles et peuvent orienter les autres sur les sources de nectar en indiquant leur distance et leur importance ? Tout cela on le trouve dans les livres, les revues scientifiques et professionnelles que l'on a le temps de consulter l'hiver, lorsqu'il n'y a rien à faire au rucher.*
>
> *Et puis, lorsque je rencontre un autre passionné, je suis sûr que je vais apprendre encore quelque chose : il n'y a pas plus bavard qu'un apiculteur... »*

▶ La vie associative

Jouer un rôle actif dans des associations ou des groupements de toute sorte offre de multiples opportunités d'apprentissage : conduite de projets, résolution de problèmes, communication, etc.

L'organisation d'une manifestation publique va, par exemple, mettre en jeu toutes ces capacités. On apprend d'ailleurs plus facilement dans l'ambiance amicale d'une association.

▶ Saisir les opportunités d'apprendre dans la vie professionnelle

L'importance de l'apprentissage par la pratique est tel que les organisations et, en particulier les entreprises, en prévoient certaines modalités. Le fait de demander à quelqu'un de tenir successivement plusieurs postes bien déterminés en est certainement une illustration.

S'il existe ainsi un certain nombres d'occasions d'apprendre qui sont formellement prévues – apprentissage sur le tas, organisation de groupes d'études... –, il faut bien penser à détecter soi-même d'autres opportunités.

▶ L'apprentissage sur le tas

Il s'agit ici de formations dispensées essentiellement sur le terrain.

Suivant la formule traditionnelle de l'apprentissage, c'est souvent un hiérarchique qui montre à un débutant comment il faut s'y prendre pour une production spécifique (y compris un service) ou pour réaliser une étape donnée. La mise en œuvre est guidée pas à pas et suivie, jusqu'à ce que la réalisation soit jugée satisfaisante.

Exemple

« Pour passer une commande de fruits et légumes, je lui montre. J'explique un coup, j'explique deux coups, le troisième coup je suis derrière, le quatrième coup je ne fais rien… Je vérifie. Et bien, au bout d'une semaine, il passe sa commande tout seul ! »

(Chef de rayon, secteur de la grande distribution.)

Les situations concernées sont en fait très variées et concernent tous les modes modernes de production. C'est ainsi que le chef d'agence d'une banque va former « sur le tas » un guichetier qui sera chargé de proposer de nouvelles formules de placement aux clients. Le chef des ventes forme en situation un vendeur qui aura à négocier le meilleur emplacement des produits sur le linéaire d'une grande surface.

Exemple

« L'entraînement terrain c'est un enchaînement en quatre temps. Le premier temps, j'explique : voilà ce que nous allons faire. Deuxièmement, je démontre. Je vais le faire en tant que chef des ventes, devant mon vendeur, au risque de me tromper. Par exemple, je vais aller référencer tel produit nouveau dans tel hypermarché. On va préparer la négociation. Il y a des argumentaires à connaître, il y a une façon de procéder. Je fais la première vente. Ensuite, c'est au vendeur de faire. On reprend la voiture. On change d'hypermarché. Le vendeur va faire lui-même. Je reste silencieux au risque de laisser mon collaborateur se planter. Ensuite, je le fais lui-même analyser : comment cela s'est passé, les points forts, les points à améliorer… À travers cette méthode, je donne l'exemple. Donc, je suis bien capable de le faire. Je ne demanderais pas à quelqu'un de le faire si je n'en étais pas capable. Je fais faire, on discute, puis on recommence. »

(Chef des ventes, produits alimentaires.)

Celui qui apprend n'a pas simplement un rôle passif. Il a tout intérêt à s'impliquer au maximum dans le processus, surtout pour élargir le champ de l'apprentissage.

Exemple

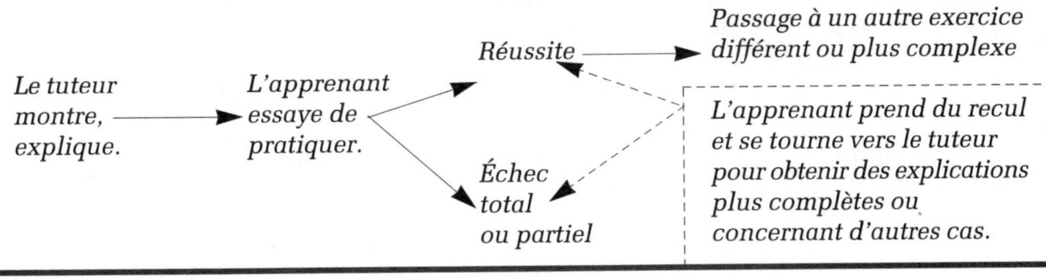

La pratique des formations très liées aux situations de travail a tout particulièrement été prônée par l'école américaine du TWI *(Training Within Industry)*, dont l'objectif était d'apprendre aux cadres et à la maîtrise à transmettre des savoirs à ceux qui étaient sous leurs ordres.

Après un déclin certain, on assiste maintenant à un regain d'intérêt, en particulier avec l'instauration du « tutorat ». Certains membres du personnel sont choisis et eux-mêmes formés pour transmettre leurs savoir-faire et encadrer ceux qui débutent.

► Avantages et inconvénients du point de vue de l'apprenant

L'apprentissage sur le tas	
Avantages	**Inconvénients**
– Très bonne adaptation au travail qui sera à réaliser et qui constitue l'objet essentiel de l'apprentissage.	– La qualification acquise se limite souvent à ce qui est uniquement nécessaire pour réaliser ce travail. Absence de recul.
– Très favorable à la promotion interne et valorisé dans l'institution.	– Pas toujours exploitable ailleurs (quoique, pour certains métiers, les compétences soient pour une part identiques).
– Souvent assez convivial.	– Tributaire des qualités techniques, pédagogiques et humaines de l'instructeur.

La formation très étroitement liée au travail est diversement appréciée par les salariés. Elle a la faveur de ceux qui y voient la seule solution d'introduction à la tâche demandée et qui recherchent une plus grande implication et une prise de responsabilité dans l'organisation même. Par contre, elle aura beaucoup moins d'intérêt pour ceux qui doutent de la compétence technique de l'encadrement ou qui prennent leurs distances par rapport au milieu du travail et cherchent plutôt une formation qualifiante diplômante. En fait, de nombreuses organisations ont compris qu'il était nécessaire d'élargir le champ de l'apprentissage au contexte dans lequel se déroule le travail. La tendance est également à donner une dimension collective et à apporter plus de connaissances générales et techniques.

Exercice

Entraînez-vous à tirer le meilleur parti des situations de formation très liées au travail

• **A**ugmentez vos facultés d'attention et d'observation.
Quelle que soit la situation, il est toujours utile de pouvoir rapidement et complètement appréhender tous les éléments d'un savoir-faire.
• **P**osez toutes les questions nécessaires, y compris celles qui permettent d'aller plus loin que la pratique concernée, en dépassant simplement le mode opératoire.
• **E**ssayez de formaliser vous-même le savoir-faire concerné.
Par exemple, en établissant une liste d'opérations à réaliser, un schéma ; cela permet de mieux comprendre, assimiler et mémoriser.
• **D**éveloppez une attitude positive. Elle vous permettra d'obtenir beaucoup de votre « maître d'apprentissage » que vous avez intérêt à considérer comme une ressource. Lorsque vous l'éprouvez effectivement, montrez votre reconnaissance et votre estime.

► Les groupes d'étude et de résolution de problèmes

Lorsqu'on se dit, face à un problème donné concernant effectivement un groupe : « Quelle démarche et quels outils pouvons-nous utiliser pour résoudre ce problème ? » et non pas simplement : « il faut apprendre et appliquer », il y a une situation éducative pouvant devenir très riche.

La formation et l'action n'apparaissent plus comme appartenant à des logiques différentes, si bien que l'on parle ici de « formation-action ».

Certains groupes de travail ont indirectement une dimension éducative. Ce sont les cercles de qualité avec toutes leurs variantes aux diverses dénominations : groupes de progrès, groupes de développement... Leur objectif essentiel est d'aboutir à la proposition de solutions à des problèmes concrets et bien délimités. Par exemple, pour améliorer l'orientation et la circulation du public dans une grande administration, un cercle de qualité, composé de membres

Exemple de « formation-action »

Sur une ligne d'emballage, dans l'industrie alimentaire, il est nécessaire de faire appel au service entretien lorsque se produit un incident technique. La chaîne est arrêtée et toute l'équipe attend la fin de la réparation. Le délai d'attente et de non-travail peut même être sensiblement supérieur à la durée nécessaire du dépannage. En fait, les incidents pourraient être classés en deux catégories : ceux qui nécessitent réellement l'intervention de spécialistes et ceux qui sont plus simples et relèvent de solutions classiques. Serait-il possible de transférer aux opérateurs des tâches de réglage et de dépannage ? La préoccupation, bien concrète, relève à la fois de l'accroissement de la productivité et de la gestion des ressources humaines. En effet, les opérateurs et opératrices qui travaillent sur cette ligne de production aspirent à plus de responsabilité et d'autonomie.

Bien sûr, il serait tout à fait concevable de confier à un analyste le soin d'établir la liste des opérations de dépannage et de réglage qui pourraient être transférées, puis de former sur le tas les opérateurs. Mais quelles seraient alors les réactions du service entretien ? Les opérateurs auraient-ils le sentiment d'un enrichissement de leurs tâches, s'ils sont simplement entraînés à réaliser les gestes qui permettent la remise en marche de la chaîne ?

Une autre solution consiste à imaginer un processus de « formation-action » en donnant un statut d'acteur au groupe concerné, qui comprend bien entendu l'encadrement et les membres du service entretien.

Lors de réunions spécifiques, on analyse les dysfonctionnements que chacun a remarqués. On se pose des questions sur les pratiques générales à mettre en œuvre et sur les connaissances théoriques sous-jacentes : mécanique, pneumatique, hydraulique, électricité... Des groupes de travail établissent les descriptifs des incidents et des opérations nécessaires pour y remédier.

Des formations sont organisées avec des aspects théoriques pour assurer une formation qui ne soit pas simplement adaptative mais, autant que possible, qualifiante. Des agents de maîtrise et des mécanos se portent volontaires pour acquérir les bases de la communication pédagogique. Des binômes opérateur-maîtrise sont montés pour assurer une démultiplication de la formation, etc.

volontaires du personnel, se centre sur la signalétique. Cela se fait en plein accord avec la hiérarchie et souvent à son initiative. Le groupe effectue une étude de flux, réalise une enquête auprès des usagers, recherche des informations sur les systèmes d'orientation du public auprès des fournisseurs et, finalement, propose à la hiérarchie tout un ensemble de solutions d'implantation de panneaux, de postes d'information, etc.

À la différence de la « formation-action », l'action éducative ne fait pas explicitement partie du projet, mais il est fort possible que certaines préconisations du groupe aillent dans ce sens (par exemple, dans ce cas, formation des standardistes à l'accueil).

▷ *Quels sont les bénéfices d'une participation active ?*

• **On apprend des autres**

Les autres constituent des ressources, par les informations, les connaissances et les savoir-faire dont ils disposent.

- **On apprend sur les autres**

Chacun a sa propre richesse, ses points de vue, ses approches spécifiques d'un problème. On connaîtra mieux chaque membre du groupe et souvent sur des aspects insoupçonnés.

- **On apprend du groupe**

La production du groupe est souvent plus féconde que l'addition des productions individuelles. La nécessité du dialogue, le partage des difficultés, erreurs, réussites...

- **On apprend sur le groupe**

La façon dont fonctionne le groupe : les phases de vie, les blocages, les influences, l'importance de l'écoute et des techniques de communication...

- **On apprend sur soi**

La vie du groupe permet de mieux repérer ses forces et ses faiblesses. Les autres et le groupe vous renvoient des informations sur la façon dont sont perçues vos propositions, attitudes, comportements...

Les apports sont encore plus sensibles lorsque le groupe est vécu lui-même comme un objet d'apprentissage. Cela implique une réflexion sur le fonctionnement du groupe, se traduisant par des questions telles que : « Comment le groupe a-t-il travaillé ? », « Comment pourrait-on améliorer notre démarche ? » et peut-être surtout, « Qu'avons-nous appris aujourd'hui ? » À vous de susciter ce réflexe d'auto-analyse et de conclusions à en tirer, s'il n'existe pas.

▶ De qui peut-on apprendre ?

De façon plus systématique, il est très utile d'identifier les personnes de qui l'on peut apprendre. Cela est applicable dans l'organisation où nous travaillons, selon notre fonction et notre position, et en prenant compte des partenaires extérieurs.

• Les collègues

Si l'on fait abstraction d'éventuels problèmes de concurrence interne, vos collègues sont des ressources, tout comme d'ailleurs vous l'êtes pour eux. Cela tient à la diversité des expériences, des formations initiales et des personnalités. Vous avez tout intérêt à faciliter un « effet de réseau » intérieur, vous permettant de recourir à ces ressources en cas de besoin.

• Les tuteurs

Une mission formelle de formation leur a été confiée et, généralement, ils ont suivi une formation à la pédagogie. Lorsque vous êtes inséré dans un système de tutorat, votre intérêt est d'en profiter au maximum.

• Les fournisseurs

Ils cherchent bien sûr à vendre leurs produits et à vous influencer. Ils sont aussi une source intéressante d'informations, sur des nouveaux procédés, par exemple. Il arrive aussi que les fournisseurs montent des formations, par exemple lors de l'implantation d'un nouveau système de fabrication.

• Les consultants extérieurs

Que ce soient des techniciens, des juristes, des financiers..., les consultants extérieurs sont susceptibles de vous faire profiter de l'expérience qu'ils tiennent des contacts qu'ils ont avec toute une variété d'entreprises. Lors de leurs interventions, n'hésitez pas à les questionner et à tirer parti de leur tendance naturelle à expliquer.

• Les subordonnés

À première vue, il apparaît plutôt paradoxal d'avoir recours à eux sur ce plan. Pourtant, certains possèdent des connaissances et des savoir-faire, acquis, par exemple, par la pratique, dont vous pouvez profiter. On apprend aussi des jeunes diplômés, qui ont parfois des connaissances très intéressantes dans des domaines avancés.

• Le supérieur hiérarchique

Vous avez de bonnes raisons de faire appel à son expérience pour lui demander de vous expliquer telle ou telle chose. Des cas de rétention d'informations ou de savoirs existent, mais ne sont pas les plus répandus. Il reste à faire preuve de discernement dans vos demandes afin qu'elles ne risquent pas de mettre en déséquilibre votre chef.

> ***Exercice***
>
> Demandez-vous ce que vous pourriez apprendre de votre supérieur hiérarchique. Déterminez à quel moment, dans quelles circonstances, de quelle façon (observation, écoute, questionnement discret...).
>
> Mettez en pratique dans les prochains jours.
>
> Faites de même concernant un collègue que vous estimez être plus expérimenté que vous.

De façon bien plus générale, on a tout intérêt à développer des relations assez étroites avec des personnes dont on est susceptible d'apprendre suivant le principe de l'apprentissage en réseau.

• **Les réseaux**

Un réseau est ici un ensemble de personnes, liées directement ou indirectement, qui partagent une communauté d'intérêts et souvent d'objectifs.

Il existe des réseaux **formels,** par exemple, une association d'anciens élèves, un groupement professionnel. Ceux-ci supposent une certaine organisation, avec, suivant les cas, un droit d'adhésion, une personne ou un groupe chargés de l'animation du réseau, un bulletin d'information, etc.

Certains réseaux sont, en revanche, tout à fait **informels** : anciens collègues restant en relation, personnes s'étant rencontrées lors d'une réunion professionnelle ou d'un voyage, inconnus contactés en accédant à un réseau télématique comme Internet...

L'affinité entre les membres du réseau va faciliter les transferts d'informations et de savoir-faire.

Les réseaux de personnes partageant le même « hobby » est un cas typique. Grâce au réseau, il est possible d'accéder aux informations et connaissances détenues par d'autres membres. Vous pouvez demander des conseils, faire réagir à une idée, appeler à une coopération. Il existe même des réseaux de partage de connaissances[4] qui permettent d'échanger des savoirs : par exemple, « Vous m'apprenez à établir un arbre généalogique et je vous apprends à relier un livre... »

On a donc tout intérêt à cultiver ses réseaux en gardant à l'esprit les points suivants :

• L'appartenance à un réseau nécessite un investissement, que ce

4. Informations auprès du Mouvement des réseaux d'échange réciproque de savoir (MRERS), 3 bis, cours Blaise-Pascal, BP 56, 91002 Évry.

soit une cotisation, des cadeaux qui entretiennent l'amitié, des frais de communication et… du temps passé.

• Un réseau naît, vit, mais aussi meurt. Il est donc nécessaire de l'entretenir en développant les relations entre les membres. On sait qu'il ne suffit pas d'échanger des cartes de visite lors d'une réunion ou d'un congrès pour que cela se traduise par des contacts ultérieurs. Il est sans doute plus efficace d'appartenir à un réseau moins étendu mais qui fonctionne bien.

• La réciprocité fonde l'efficacité d'un réseau. Il fonctionne bien si chacun y trouve son compte. Ne vous attendez pas simplement à recevoir du réseau, il faut aussi donner. Mais peut-être cela est-il déjà une clé de la démarche d'apprentissage…

Exercice

Développez et utilisez vos réseaux

• **N**otez ici quels sont les réseaux auxquels vous appartenez et desquels vous pouvez apprendre :

....

....

....

....

....

• **N**otez ceux auxquels vous allez vous efforcer d'appartenir :

....

....

....

....

....

▶ Les domaines à explorer

Passer près de huit heures par jour en situation professionnelle justifie bien d'y rechercher toutes les occasions d'apprendre. Nous avons vu plus haut que certaines d'entre elles étaient prévues et quelquefois programmées par les organisations elles-mêmes. Intéressons-nous ici aux opportunités à découvrir et à exploiter soi-même.

• Les changements

Tout changement implique la prise en compte de nouvelles données et met en jeu les capacités d'adaptation.

– Entrée dans le monde du travail

– Changement de métier

– Introduction de nouvelles règles, nouvelles méthodes...

• Les situations relationnelles et de communication

– Entretiens : de recrutement, d'évaluation, de collecte d'informations...

– Présentations en public

– Comptes rendus de visites, de contacts...

– Réunions

– Négociations : de rémunération, changement d'attribution...

– Vente : d'idées, de démarche, de produits et services...

– Encadrement de personnes

– Résolution de conflits

– Formations que l'on donne soi-même à d'autres personnes.

• Les situations propices à l'obtention d'informations

– Visites d'usines et d'installations

– Visites d'exposition, foires

– Voyages (tout particulièrement à l'étranger)

– Colloques, congrès, réunions professionnelles

– Réception de visiteurs étrangers

• Les décisions et leur préparation

– Préparation de plans d'action, de budgets, de lancement de produits nouveaux...

– Prise de décisions importantes.

Il vous faut donc centrer votre attention sur les occasions d'apprentissage et y appliquer la démarche que nous avons déjà évoquée :

– « Voici une bonne occasion d'apprendre ! »

– « Comment m'y prendre pour apprendre ? »

– « Qu'ai-je appris qui pourra me servir par la suite ? »

Exemple ***Comment apprendre en participant à des réunions ?***	
Capter l'information	C'est l'aspect le plus évident. Encore faut-il s'entraîner à écouter, à sélectionner les informations utiles, à les noter et à anticiper sur l'utilisation que l'on en fera.
Observer et en tirer des leçons	Plutôt que de subir une réunion – il en existe certaines auxquelles on risque de s'ennuyer – vous pouvez observer : – la façon dont s'expriment ceux qui interviennent, y compris la gestuelle ; – les jeux de pouvoir ; – la façon dont naissent, se développent, se résolvent les conflits ; – la façon dont la réunion est animée et les dysfonctionnements éventuels : mauvaise gestion du temps, digressions non contrôlées, etc. Il est possible d'en tirer des conclusions utiles pour votre action future de participant ou d'animateur.
S'entraîner à être un participant efficace	C'est un comportement utile dans tout groupe. Vous pouvez vous efforcer de : – bien suivre les règles du jeu indiquées par l'animateur ; – faire progresser les discussions en recentrant, en faisant de petites synthèses partielles, si besoin (tout en veillant à ne pas vous substituer à l'animateur) ; – poser les questions d'élucidation nécessaires ; – proposer que l'on discute, en fin de réunion, sur la façon dont celle-ci s'est déroulée et comment on pourrait améliorer le mode de fonctionnement du groupe.
S'entraîner à prendre la parole	Les réunions sont un lieu privilégié pour s'améliorer dans le domaine de la communication en groupe. Essayez de : – préparer le contenu et la forme de vos interventions (quelques mots clés jetés sur le papier, par exemple) ; – prendre la parole au bon moment ; – soigner votre argumentation ; – faire pour vous-même, en fin de réunion, un bilan sur la façon dont vous êtes intervenu et sur les points qui restent encore à améliorer.

Toutes les occasions d'apprendre ne s'offrent pas forcément à chacun, ni en même temps. L'une ou l'autre est plus ou moins liée à certaines fonctions. Elles se présentent ainsi à des moments différents de votre vie dans l'entreprise : ce n'est peut-être pas dès le début que vous aurez à encadrer des personnes, ou à faire des présentations en public, par exemple.

Exercice

Repensez à une situation de conflit que vous avez pu connaître récemment (avec un client, un fournisseur, un collègue...).

Cette situation a peut-être été difficile à vivre pour vous.

Essayez maintenant, à froid, de la voir sous l'angle de ce que vous avez pu en apprendre :

– **Q**uelles étaient les causes – apparentes, profondes – de ce conflit ?

– **Q**uels étaient les objectifs réellement poursuivis, par chacun ?

– **A**urait-il été possible de mieux définir des objectifs sur lesquels les deux parties auraient pu se mettre d'accord ?

– **Q**u'en retirez-vous, pour vous sortir la prochaine fois d'une situation qui serait comparable ?

La période d'entrée dans le monde du travail est, de toute façon, un temps très important pour l'apprentissage. La mobilité des emplois, la succession de périodes d'activité et d'inactivité génèrent aussi des occasions favorables pour apprendre. Les changements se produisent, en fait, tout au long de la vie.

Vous pouvez, à un moment donné, avoir à vous consacrer à un projet déterminé et même être chef de projet. Un projet est une opération complexe, limitée dans le temps et qui, en général, concerne un domaine nouveau. C'est le cas de la conception et du lancement d'un nouveau produit, ou du montage d'une manifestation présentant un enjeu très important pour l'organisation. Le responsable de projet se trouve dans une position très formatrice : rapports directs avec la direction, accès à une information très riche, mise en place d'une organisation, management d'équipe, prise de responsabilité... On a donc tout intérêt à accepter de jouer ce rôle et même à être volontaire pour être chef de projet lorsque l'on s'en estime capable.

On objectera peut-être qu'on ne peut pas tout faire à la fois. Agir et avoir le bon comportement dans une situation donnée sont déjà assez difficiles. S'il faut encore se préoccuper d'apprendre en même temps...

Dans la réalité, ce n'est pas plus compliqué que quantité de choses que l'on est bien obligé de faire simultanément : écouter et s'efforcer de convaincre, observer et porter un jugement...

C'est peut-être aussi parce que le système éducatif nous a habitués à isoler « le temps pendant lequel on apprend » que l'on a tendance à trop le distinguer du « temps pendant lequel on agit »...

CHAPITRE 4

PARTICIPER EFFICACEMENT À UNE SESSION DE FORMATION

Écoutons ceux qui parlent de la façon dont ils vivent une formation et qui se confrontent au changement. Profiter de l'élan initial. L'univers de la formation est souvent comme un autre monde. La famille et les proches constituent de précieux appuis qu'il importe de ménager. Anticiper les changements inéluctables de la vie courante. Au-delà des apports directement opérationnels, une formation longue entraîne une remise en question. Participer autant qu'on le peut et conserver une attitude positive. Profiter des apports des autres participants et du travail en groupe. Il est indispensable de travailler en dehors des cours. S'appuyer sur les évaluations, plutôt que de trop les redouter.

La parole est assez souvent donnée aux formateurs, pour qu'on la passe ici aux apprenants eux-mêmes…

Ce chapitre sera donc, pour sa plus grande partie, composé d'extraits d'entretiens réalisés auprès de participants à des formations.

On a cherché ici à représenter toute une variété de situations : formation technique et formation à la gestion, formation initiale, formation à temps plein et en alternance… Les participants et participantes dont les propos ont été recueillis étaient âgés de 23 à 47 ans.

Il s'agit de formations relativement longues, c'est-à-dire d'une durée excédant trois mois. Le cas des formations de courte durée – un séminaire d'une semaine, par exemple – est-il bien différent ? Oui et non.

Dans une formation courte, les participants n'ont pas de contraintes aussi importantes en ce qui concerne le travail à réaliser en dehors des cours. Ils n'ont pas les mêmes efforts à fournir pour garder le rythme, entretenir leurs motivations. Les enjeux, et surtout du point de vue de la validation, sont différents. Cela ne veut pas dire qu'une formation courte soit forcément plus facile à vivre. La difficulté est alors de se déconnecter de ses activités professionnelles. La concentration est à travailler tout particulièrement, d'autant que les formations courtes ont tendance à être de plus en plus denses. Pour le reste, que l'on soit en formation longue ou en formation courte, il demeure essentiel d'avoir une démarche active et de travailler sur sa façon d'apprendre.

Pourquoi avoir retenu cette formule consistant à citer très largement des apprenants ? La raison principale est qu'une formation se vit. C'est une expérience qui engage fortement. Chacun la mène avec ses propres motivations, ses attentes, son passé, sa sensibilité... Il faut donc essayer de la « ressentir ». C'est aussi l'illustration du fait que l'on peut apprendre des autres, si l'on veut bien se donner la peine de les écouter.

Ces observations, réactions ne doivent pas être prises comme des modèles. Ce sont des témoignages qui ont été recueillis dans un esprit d'authenticité. Peut-être, à certains moments, sentirez-vous une résonance entre ce que vous éprouvez et ce que dira l'un ou l'autre. Peut-être, reconnaîtrez-vous des situations que vous avez vous-même vécues ou que vous allez vivre. Peut-être, serez-vous quelquefois en désaccord avec ce qui est dit ici ou là. C'est donc à une lecture très active que vous êtes invité.

Entrer dans l'univers de la formation

L'élan initial

En tout début d'une session de formation, la motivation est un élément moteur primordial. Elle est en général présente et les participants se sentent heureux d'être enfin à pied d'œuvre. Déjà l'obtention – souvent difficile – de l'accord leur avait apporté une grande satisfaction, ici exprimée de façon raisonnée ou... plus enthousiaste :

> – *« Quand j'ai eu l'accord, j'étais content car j'avais l'impression d'avoir bien construit et bien défendu mon dossier. Je me disais que*

Chapitre 4 : Participer efficacement à une formation
Piem, *Les Mordus du ski*, © Le Cherche Midi éditeur, 1987.

je voulais faire ce truc-là et que, finalement, j'allais commencer.» Gérard, 30 ans.
– *« Là, je suis heureux... Je fais des triples sauts périlleux. Je suis super content. »* Jean-Louis, 31 ans.

Arrive le premier jour, où les impressions ressenties ressemblent un peu à celles des rentrées scolaires passées :

– *« Je suis venu comme le premier jour de la rentrée avec ma petite mallette. J'étais très content. »* Daniel, 35 ans.
– *« J'étais très contente car, à cette époque, j'avais l'impression de tourner en rond. Je retrouvais un centre d'intérêt. Cela me redonnait du punch. »* Évelyne, 35 ans.
– *« On ne réussit pas sans plaisir et c'est bien ce que je ressentais le premier jour. Acquérir des connaissances et être sûr de les exploiter, cela donne du plaisir. »* Stéphane, 23 ans.

La joie éprouvée est quelquefois mêlée d'une certaine appréhension, quand ce n'est pas de craintes :
– Sur la capacité d'adaptation...

« Un état d'esprit très partagé. Très content. L'impression de repartir à 20 ans, de reprendre un coup de jeunesse. C'est agréable, encourageant. Par contre, on se demande où est-ce qu'on va, est-ce qu'on va pouvoir assumer? Une sorte d'inquiétude, quand même. Ce n'est pas évident à 45 ans de repartir à l'école avec son cartable... » Jacques, 45 ans.

– Sur le rythme « scolaire » et la nouveauté des domaines abordés...

« J'étais un peu angoissée quand même. Cela faisait très longtemps que je n'avais pas suivi d'études. Le fait d'avoir à réapprendre et à s'organiser dans le cadre du travail scolaire, c'était un peu difficile. Dans la vie professionnelle, ce n'est pas le même rythme. Pour moi, les matières étaient presque nouvelles et cela m'angoissait un peu. J'étais à la fois contente et angoissée. » Béatrice, 33 ans.

– Sur les capacités intellectuelles...

« J'avais une petit peu peur. Savoir si j'allais pouvoir redémarrer sur un jeu cérébral... Heureusement, j'ai été vite rassuré. » Éric, 35 ans.

– Sur les capacités relationnelles...

« J'étais content et puis stressé. Avec qui tu vas être? Est-ce que tu seras au niveau? Je me pose plein de questions. Il faut se présenter au début, comment tu vas te présenter? » Jean-Louis, 31 ans.

Généralement, ces appréhensions se dissipent très vite et c'est même souvent à des difficultés non prévues qu'il faudra faire face :

> *« On pense qu'il va y avoir un problème de niveau, de compréhension... et le décalage est plutôt au niveau des mentalités. Dans mon cas, d'être avec des jeunes qui ne venaient pas dans le même esprit que moi. »* Renée, 47 ans.

La motivation initiale va soutenir cette période très importante du début de la formation :

> – *« J'ai quelque part l'idée que c'est une dernière chance... de décoller... d'avoir une carrière intéressante. Ça, c'est un sacré moteur. »* Éric, 35 ans.
> – *« J'ai le goût du défi. Le goût de faire quelque chose de difficile, un investissement important... »* Frank, 32 ans.

La motivation n'est pas une simple donnée. Il est possible de la travailler, de la renforcer :

> – *« Même si intérieurement vous êtes pris de doutes, il faut montrer une motivation sans faille. Au début et tout au long... »* Antoine, 31 ans.
> – *« Il faut se dire : Je fais quelque chose qui va complètement dans le sens de ce que j'avais prévu. C'est bien une sorte de conditionnement... »* Bruno, 34 ans.

Cela est facilité par le sentiment de la « cohérence » :

> *« J'ai choisi de faire cette formation parce que cela me semblait être la voie qui me convenait le mieux. Aussi bien en fonction de mes goûts que des débouchés. Maintenant je me rends compte que cela me convient. Donc je me dis bien que c'est un bon choix. Il y a un couple intérêt-motivation. »* Stéphane, 23 ans.

La volonté vient ici maintenir et renforcer la motivation :

> – *« La volonté, oui. Car on a beau être motivé, il y a des moments où l'on est tenté de baisser les bras. L'objectif pousse à agir, bien sûr, mais il faut en plus de la volonté. »* Corinne, 23 ans.
> – *« La volonté... Avec la volonté on peut générer un certain nombre de choses... On peut gommer une mémoire insuffisante. On peut gommer une organisation de travail défaillante... Cela prendra beaucoup plus d'énergie, mais c'est très important. Quand on le veut, on peut. La volonté entraînera une amélioration de l'organisation, etc. »* Frédéric, 24 ans.

• Profitez de l'élan initial et de l'enthousiasme ressenti au moment de commencer une action.
• Il faut bien savoir qu'il n'est pas anormal d'éprouver quelque inquiétude au départ.
• Appuyez-vous sur la cohérence entre votre projet personnel et la formation que vous vivez.

▶ Changer de contexte

La formation est un monde en soi avec son organisation et ses rythmes, ses approches et méthodes, ses valeurs et critères d'appréciation. Le participant se retrouve dans un groupe souvent très différent de ceux dans lesquels il est habituellement inséré.

Différence par rapport à l'école que l'on a connue…

> *« Pour moi, l'école c'était plutôt didactique, très ennuyeux. On recevait une information. On participait ou on ne participait pas. Il ne fallait pas faire un effort personnel tellement important. Alors que là, c'est vraiment une formation qui est un échange. On redécouvre des choses que l'on connaît mais que l'on peut mieux organiser. »* Jacques, 45 ans.

Différences par rapport à l'entreprise…

> – *« Ce n'est pas comme dans l'entreprise. On sent qu'on est dans une situation un peu protégée. Une situation de "bulle" qui permet de se "planter". Si vous vous gourez ce n'est pas comme lorsque votre chef rentre dans votre bureau pour vous dire : Qu'est-ce que c'est que ça ?… »* Gérard, 30 ans.
> – *« Je dirai entre guillemets : c'est des vacances pour moi ici. Cela peut paraître bizarre. Une journée ici… ce qui est dur pour moi, c'est de rester assis, car j'ai un métier où l'on remue beaucoup. J'ai la tête fatiguée, mais bien fatiguée. Je n'ai pas le stress. »* Bruno, 33 ans.

La formation apparaît souvent comme un monde plus ouvert :

> – *« L'entreprise, c'est un monde quand même un peu fermé. Le fait d'avoir d'autres apports, de travailler avec des personnes qui ont d'autres expériences, c'est cela qui est intéressant. »* Évelyne, 36 ans.
> – *« Il y a un dépaysement important. Les gens viennent d'horizons différents. Il y en a avec des fonctions que je ne connais pas. Cela donne envie de discuter avec les gens, de voir ce qu'ils font, comment leurs entreprises travaillent. En fait, on s'aperçoit qu'on se sclérose un peu dans nos entreprises et cela fait un bien énorme de revenir. »* Hervé, 31 ans.

On a donc intérêt à aller en formation dans des dispositions toutes nouvelles :

> – *« Il faut venir vraiment sans* a priori, *sans préjugés. Se dire que c'est une année où on va faire plein de choses… rencontrer pas mal de gens… s'enrichir. Une année où on va se permettre pas mal de choses, parce que cela peut ouvrir des horizons auxquels on n'aurait pas songé. Il faut se laisser aller… »* Béatrice, 33 ans.
> – *« Il faut être prêt à recevoir beaucoup, à donner si on peut donner… »* Patricia, 40 ans.

Se confronter au changement

Se ménager l'appui de la famille et des proches

Le milieu dans lequel on vit n'est pas forcément favorable à la formation. Il est très possible que l'on rencontre une certaine incompréhension, ou même des réactions critiques :

– *« Mes collègues, c'est plutôt du genre : Ah… Tu es encore en formation ! À part un qui a fait une formation l'année dernière, les autres c'est plutôt négatif : Tu es absent… Tu n'es pas là !… »* Hervé, 31 ans.
– *« Mes amis d'enfance me disaient : Tu as déjà ça… tu en veux donc encore plus ? Dans l'entreprise, c'était plutôt la curiosité, mais du type : Tu as une place que tu veux prendre ? Ma femme cela a été : Si tu veux le faire, tu le fais… J'en aurai simplement plus sur le dos… Mon père, qui a arrêté sa carrière au moment où je suis, me pousse plutôt. Mon beau-père me dit : Tu es pas un peu fou ! Ma belle-mère, elle n'y comprend rien. Le frangin, il s'en fout un peu : il a un métier très différent… »* Bruno, 34 ans.

Heureusement, il y a des réactions beaucoup plus positives :

« Suivre une formation, c'est perçu comme quelque chose d'exceptionnel. Les gens pensent que c'est bien, trouvent que c'est courageux. Alors que moi, je pense que c'est naturel. Mais, ça réconforte ». Jacques, 45 ans.

Un entourage favorable est un important facteur de soutien :

> **• Recherchez l'adhésion de vos proches car les risques de perturbation familiale sont fréquents.**
> **• Un entourage convaincu constitue un soutien précieux.**

– *« J'ai été largement encouragée par mon mari, ma fille. Tout mon entourage m'a valorisée et portée. Tout le monde était très admiratif qu'à mon âge je retourne faire une formation. »* Renée, 47 ans.
– *« Ma famille m'a beaucoup poussée à faire cette formation. Mon père me passait des articles là-dessus, me demandait où cela en était. Quand vous avez une idée comme cela et que vous en parlez à votre entourage, vous avez besoin de la valider… Si personne ne vous dit que c'est bien, vous aurez du mal à franchir le pas. »* Béatrice, 33 ans.

Souvent les réactions de l'entourage dépendent du milieu social et culturel :

– *« Tout était plus facile car je vis au milieu de gens qui sont encore en cours de formation. »* Corinne, 23 ans.
– *« J'avais dit à ma femme que j'aurais à y consacrer des week-ends. Elle a accepté cette contrainte. Peut-être par culture familiale. Son*

père avait fait comme ça. C'est comme si elle avait été éduquée dans cet esprit. » Hervé, 31 ans.
– « *Il faut un peu forcer le destin, essayer de motiver son entourage sur le bien-fondé. En somme, c'est un peu faire partager le projet à la famille, aux collègues, à tous…* » Jacques, 45 ans.

▶ Aménager son organisation personnelle

Suivre une formation longue nécessite d'abord de dégager du temps pour travailler, en dehors de la présence dans l'organisme de formation.

Prévoir le temps qu'il faudra pour le travail personnel est nécessaire mais assez difficile, car très variable suivant les formations et les individus.

> « *En m'inscrivant, j'ai demandé combien de temps il fallait prévoir pour le travail personnel. La réponse qui m'a été faite est que tout le monde posait la même question… mais c'est tout ! Or, effectivement, on se rend compte que, si on veut avoir les connaissances, il faut quand même travailler beaucoup. J'avais sous-estimé ce travail personnel. En ce moment, j'y passe trop peu à mon idée. L'objectif serait d'arriver à travailler de 6 à 8 heures par week-end, plus un peu la semaine… Il faut prévoir l'organisation car il y a des piquets à poser un peu partout. Je l'avais fait trop rapidement…* » Évelyne, 35 ans.

Ce temps à dégager vient naturellement en concurrence avec d'autres demandes :

> « *Le problème est de s'isoler par rapport à la télévision, aux enfants. On est obligé de dire, je travaille, je ne peux pas…* » Hervé, 31 ans.

Certains optent pour la régularité quotidienne et y appliquent leur volonté :

> – « *Travailler tous les jours. Le but c'est surtout de ne pas prendre de retard. C'est une habitude nouvelle. En fait, j'étudiais aussi le piano et là aussi il faut travailler tous les jours. C'est cela qui m'a incité à transposer pour le travail de formation. Cela permet, peut-être inconsciemment, de garder le rythme…* » Jacques, 45 ans.
> – « *Mon organisation, c'est la régularité. C'est jamais perdre pied sur un domaine. C'est toujours revoir le cours, d'un cours sur l'autre. Ne serait-ce que pour y jeter un simple coup d'œil.* » Frédéric, 24 ans.

D'autres se fixent un planning avec des possibilités d'ajustement :

« Je me fixe un planning, c'est-à-dire que je prévois à la semaine quand je vais faire telle ou telle chose. Ce planning est un peu lâche par moment. Quand on est plus jeune, on peut se centrer uniquement sur son but, mais quand on avance en âge, il faut quand même essayer de tout faire et aussi de ne pas faire payer trop cher aux autres... » Patricia, 40 ans.

Un point délicat est incontestablement d'avoir à travailler le soir, après une journée déjà bien remplie :

« Quand on bosse dans une boîte, à 8 heures du soir c'est terminé. C'est vrai que le travail comme un étudiant, le soir, j'avoue que j'ai eu beaucoup de mal... » Antoine, 31 ans.

Pour travailler à la maison, il faut un minimum d'espace pour écrire, classer ses documents. Un lieu à soi permet à la fois de s'isoler et de se sentir bien, dans un cadre propice au travail :

– *« L'organisation matérielle, c'est important. C'est même primordial. Si je devais travailler sur le coin de ma table de salle à manger, je n'y arriverais jamais. Il me faut ma place, tranquille, dans un endroit où je me sens bien et d'où je n'ai pas envie de fuir. »* Évelyne, 35 ans.
– *« On a aménagé une pièce. Je me suis fait un bureau dans le grenier. C'est important car il me faut beaucoup de place. J'ai beaucoup de bouquins, beaucoup de lectures à faire. Il y a aussi une nécessité de calme. J'ai fait moi-même un bureau très ergonomique. Il faut aussi avoir plaisir à travailler. »* Daniel, 35 ans.

Ce n'est pas simplement le travail à la maison qui est en cause mais aussi la préoccupation générale entraînée par la participation à la formation :

« Je me suis aussi aperçu que j'étais moins disponible d'esprit pour les autres choses. On n'a pas manqué de me le faire remarquer d'ailleurs. Même dans une discussion entre amis, j'avais l'esprit qui partait ailleurs, sur un truc que j'avais à rendre, par exemple... Une formation comme cela, c'est extrêmement demandeur... » Pierre, 28 ans.

Pour pouvoir dégager du temps, des arbitrages sont donc nécessaires et cela ne va pas sans sacrifices :

– *« J'ai sacrifié mes dépenses, mon niveau de vie, des vacances, du temps libre, du temps de*

• Le travail personnel est essentiel : organisez-vous pour dégager le temps nécessaire et avoir un espace à vous.
• Travaillez régulièrement et avec une planification souple.
• S'il y a des sacrifices à faire, évitez qu'ils ne pèsent sur votre famille et sur les activités auxquelles vous tenez le plus.

loisir. Des amis… Non, peut-être pas. On arrive quand même à garder des contacts. » Daniel, 35 ans.
– « *J'ai sacrifié un certain nombre de choses que je faisais pour le plaisir. Mes loisirs à moi : mon jardin, ma cuisine, ma famille quand même un peu…* » Évelyne, 35 ans.
– « *Ce que j'ai supprimé, c'est la télé. En supprimant deux heures de télé par jour, cela fait quand même quelque chose.* » Jacques, 45 ans.

Cependant, il y a une limite aux changements, à moins de se heurter à de graves difficultés et de mettre en péril un certain équilibre familial. Effectuer des choix, c'est aussi maintenir, contre vents et marées, des temps que l'on consacre aux activités auxquelles on tient beaucoup :

– « *Il faut faire des frontières assez nettes entre travail et vie familiale. Il y a des soirs où, même si j'ai des choses importantes à préparer, je me fixe des limites et je m'y tiens. Je me dis qu'il faut absolument que je passe une heure avec ma femme et mon fils.* » Gérard, 30 ans.
– « *Il y a eu des changements dans ma vie, mais j'ai conservé quand même des choses qui ont pour moi beaucoup d'importance. Par exemple, je me bloque une soirée par semaine pour le sport et je m'organise pour ne pas y toucher. Je dirai… quelles que soient les circonstances.* » Jean-Marc, 33 ans.

▶ Surmonter les éventuelles périodes de crise

Suivre une formation longue ne va pas sans difficultés. À un moment ou à un autre se présentent des problèmes qui tiennent au fait de se retrouver en situation d'étudiant, aux différences par rapport à la vie antérieure, aux embûches de l'apprentissage intellectuel et de la mise en pratique. Les périodes de crise ont tendance à se situer à des moments assez bien définis. C'est ainsi qu'une étude, menée par le Conservatoire national des arts et métiers auprès de ses propres publics[1], montre que les périodes difficiles se situent surtout au début de la formation, dans une période située entre les congés de Noël et février-mars, ou après un examen partiel aux résultats décevants et, finalement, après les cours, lorsqu'il faut réviser pour l'examen final.

– « *Ce qui est surtout surprenant, c'est la rupture du rythme de vie, bien que je m'y sois attendu. Et puis, quand on n'est pas sur place*

> **• Tout ne sera pas forcément rose et vous risquez de connaître le découragement.**
> **• Renforcement des motivations et volonté permettent pourtant de surmonter bien des difficultés.**

1. *Les Publics du Conservatoire national des arts et métiers*, CNAM Paris, Note de synthèse, juin 1992.

comme moi, se retrouver dans une petite chambre d'étudiant, ou au restau U, c'est dur. Oui... Se retrouver dans un statut d'étudiant statique... » Bruno, 34 ans.
– *« Il y a un moment où j'ai craqué. Je me suis dit : Qu'est-ce que tu es venue faire là ? Tu étais dans le confortable. On a l'impression que, d'un coup, les références sont totalement déplacées... Dans la vie professionnelle on se sent reconnu et, là, j'étais comme une gamine à rendre des comptes. C'est quand même dur... »* Renée, 47 ans.
– *« C'est très difficile de soutenir son attention des jours et des jours d'affilée. C'est différent de la vie d'entreprise. Si on ne travaille pas, on est très vite largué. On voit bien alors qu'on n'est pas au niveau. Les autres vous disent : Qu'est-ce que tu as ? T'es pas dans ton assiette ?... »* Patricia, 40 ans.
– *« Lorsque vous avez fonctionné suivant un certain schéma pendant des années et des années et que, tout d'un coup, on entrevoit que ce schéma n'est peut-être pas le bon... Et bien, c'est drôlement déstabilisant... »* Éric, 35 ans.

► Se remettre en question

Suivre une formation de longue durée a des effets qui vont bien au-delà de l'acquisition de connaissances et de savoir-faire. On ne se sent plus pareil. La remise en question n'est, bien sûr, pas sans risques. En particulier, le doute peut s'être introduit sur les capacités à utiliser réellement les apports de la formation :

– *« Cette formation a brouillé l'image de qui j'étais, ce que je pouvais faire, là où je pouvais être utile... J'ai acquis de nouvelles armes, mais je n'en connais pas encore la puissance. Supposons qu'on me dise, on vous embauche et, après deux mois, vous serez à la tête de telle unité. Mais est-ce que je peux accepter aujourd'hui ?, Est-ce que j'ai le bagage ? les épaules assez larges ?... »* Éric, 35 ans.
– *« C'est une remise en question, avant, pendant et, naturellement, après la formation. On ne peut plus se réfugier dans son expérience. On est tout neuf. On a tellement changé. »* Bruno, 34 ans.

Au total, cette transformation est souvent perçue comme très positive :

– *« La formation, ça m'a rajeuni à tous points de vue. Cela a été une étape très importante et pas simplement dans ma vie professionnelle, mais dans ma vie tout court. Globalement, le bienfait de cette formation, hormis les compétences que j'ai pu acquérir et que je vais utiliser ou non, c'est maintenant le changement au niveau de l'état d'esprit. Un déblocage de tas de freins. Relativisation des situations. Hauteur de vue... »* Pascal, 36 ans.

• En entreprenant une formation vous n'envisagez peut-être pas tous les changements profonds et positifs que cela peut entraîner : façon de penser, prise de recul, déblocage de freins, nouvelle assurance...

– « *Je crois que je commence à penser de façon différente. Il y a des mécanismes que j'ai appris et que je réutilise dans d'autres domaines. Des choses auxquelles je ne pensais pas il y a six mois en arrière, aujourd'hui j'y penserai... Je prends plus de recul par rapport au métier, par rapport à la vie, par rapport à moi. Je pense que je suis en train de progresser. J'étais resté à une sorte de palier et je crois que je prends plus de dimension, plus d'assurance...* » Jean-Louis, 31 ans.

– « *Allez-y, même si cela ne vous paraît pas totalement dans vos cordes, même si cela va vous demander des efforts. Car il y a un bénéfice, un enrichissement immense et qui est dans sa tête, au niveau de son comportement, de sa manière de voir les choses... On rompt le cloisonnement. On a une carte du monde plus riche. C'est tout...* » Renée, 47 ans.

▶ Optimiser sa participation

« Plus le maître enseigne, moins l'élève apprend. »

Cette formule attribuée à Confucius met bien en lumière la nécessité d'une démarche active de l'apprenant. La formation traditionnelle reçue ne nous incite-t-elle pas à trop espérer de l'enseignant, perçu surtout comme un diffuseur de savoir ?

En fait, rien ne se passe sans que l'apprenant développe une activité allant dans le sens de l'apprentissage. Il ne suffit pas « d'assister à un cours », il est absolument essentiel d'y « participer ». Si l'on comprend bien ce point de vue et qu'on l'applique, les résultats obtenus seront certainement meilleurs. Les spécialistes de l'économie des services développent souvent l'idée que, dans certains domaines, il est impossible de retenir telle quelle l'idée de « consommation », car le « client » est personnellement impliqué et « participe » en quelque sorte à la production de ces services. C'est vraiment le cas pour des activités comme le tourisme, par exemple, et tout ce qui concerne les soins de la personne... Une séance de kinésithérapie ne peut se concevoir sans la participation du patient !

C'est ainsi que, dans le domaine de la formation, il faut absolument admettre qu'il y ait une « coproduction ». Les acteurs sont aussi bien le formateur que l'apprenant et aussi... les autres participants, l'institution de formation elle-même, ainsi que d'autres éléments de l'environnement.

▶ L'attitude pendant les séances

Profiter au maximum d'une formation passe certainement par la participation :

— *« Le fait d'être concentré en cours, de beaucoup participer… c'est finalement un gain de temps. »* Pascal, 36 ans.
– *« Sans me forcer, j'adapte tout de suite un comportement très participatif, car finalement c'est tout à fait comme en entreprise… »* Antoine, 31 ans.

L'ambiance dans laquelle se déroule la formation est ressentie comme essentielle par beaucoup :

« Moi, j'aime apprendre dans une ambiance qui me convient. Surtout quand le prof arrive à faire passer sa passion. » Patricia, 40 ans.

La responsabilité de l'ambiance et du travail réalisé est partagée entre les participants et le formateur. Cela est bien dans la conception de « coproduction » :

« Il faut avoir le "fit"◆ avec le professeur et que les participants jouent le jeu. C'est un effort des deux côtés à faire. C'est pour cela que l'ambiance de travail est très importante. » Stéphane, 23 ans.

◆ *Avoir le feeling, être en phase…*

Face à ce qui est perçu comme des insuffisances et même des défaillances du formateur, plusieurs attitudes sont possibles. L'une d'entre elles consiste à refuser le cours, ce qui peut parfois poser beaucoup de problèmes… d'autres sont beaucoup plus souples :

– *« C'est vrai, tout n'est pas parfait dans cette formation. Mais il y a quand même des gens qui ont une certaine expérience qui ont conçu ce programme.* A priori *je fais confiance. Ce n'est pas que j'apprends sans me poser de questions, mais j'essaye d'être positif et de prendre le bon côté des choses. Peut-être que, dans un cours, il y aura une demi-heure ennuyeuse, mais si pour le reste c'est intéressant, je préfère prendre le bon… »* Frédéric, 24 ans.
– *« Même dans un cours assez moyen, on peut trouver quelque chose. C'est pour cela que, pour ma part, je fréquente assidûment les cours. »* Hervé, 31 ans.

Il est inéluctable que certains professeurs fassent l'objet de critiques. Il reste à s'interroger sur la validité de ces critiques et surtout sur les moyens de remédier à des situations tendues :

– *« Moi je pense que notre groupe est souvent trop critique. Il a des réactions un peu dures… Au premier cours, le professeur se fait descendre, pas publiquement mais entre nous. Oui… ça et puis ça… Il faut un peu de recul quand même. Il y a des professeurs qui ne sont pas des stars, mais avec lesquels on apprend beaucoup. »* Béatrice, 33 ans.

– *« Le mois dernier, il y a eu un problème avec un intervenant. Il n'était pas clair. On ne savait jamais où il en était et puis, il faut dire qu'il avait l'air de faire comme si l'on n'existait pas. Peut-être parce qu'il débutait, je crois. Finalement, on est allé le voir à trois directement, plutôt que de passer par l'administration du centre. Au début il a bien un peu froncé le sourcil… Nous, on a dit petit à petit ce qu'on aurait préféré. Comme ça, calmement. Cela ne s'est pas mal passé et maintenant en cours, cela s'est sensiblement amélioré… »* Pascal, 36 ans.

Poser des questions et faire état de sa propre expérience sont certainement les moyens les plus simples pour développer une attitude participative :

– *« J'essaye d'être attentif et de participer, de poser des questions. C'est presque un moyen mnémotechnique. Je me souviens avoir posé une question sur tel ou tel point. »* Frédéric, 24 ans.
– *« De temps en temps, je pose des questions pour mieux comprendre et si je fais des remarques, c'est parce que j'ai envie de relier avec ce que je vis dans l'entreprise. »* Hervé, 31 ans.

Certains participants n'hésitent pas à poser beaucoup de questions, d'autres sont plus discrets. Il est vrai qu'il y a des limites au questionnement, en particulier le risque de monopoliser le cours :

– *« Je suis un questionneur fou… En cours, je participe beaucoup. Je suis un peu comme le barde dans Astérix : Non tu ne chanteras pas !… Non tu ne poseras pas de questions !… Parce que tout ce qui se passe me fait venir des questions. Je suis en train de faire un truc qui durera pas dix ans. Alors… Autant en profiter. »* Daniel, 35 ans.
– *« Je pose pas tellement de questions. Je sais pourtant que l'on aime bien ça ici. Il y a une sorte de jeu de certains participants qui en posent beaucoup et pas toujours des questions intéressantes. Moi, j'avoue que ce n'est pas ma façon de faire. Par contre, quand je travaille en groupe, je suis plus actif, je pose plus de questions. »* Gérard, 30 ans.

• Il est possible de vous entraîner à participer et à vous concentrer◆.
• Une bonne ambiance de cours et les qualités pédagogiques propres au formateur sont importantes. À défaut, essayez malgré tout de tirer parti de l'enseignement.
• S'il y a un problème durable avec un intervenant, recherchez plutôt un règlement en douceur.
• Deux façons utiles de participer : posez des questions et évoquez votre propre expérience. Une limite : ne monopolisez pas le cours.

◆ *Voir chapitre 6.*

– « *Je pose la question durant le cours, quand c'est directement lié au cours. Quand ça l'est un peu moins, j'essaye d'aller voir l'animateur à la fin du cours. Généralement, ils sont gentils. On peut le faire, mais il faut que ce soit limité aussi. Quand c'est des questions qui peuvent entraîner une réponse brève, je le fais à la fin du cours. C'est vrai que parfois j'ai des questions plus importantes. Je les garde pour moi car on ne peut pas monopoliser le cours.* » Évelyne, 36 ans.

▶ La prise de notes

La prise de notes pendant un cours est une activité tout à fait habituelle en formation. À la différence de ce que l'on peut remarquer pendant une conférence, il est très rare que quelqu'un ne prenne absolument aucune note pendant un cours.

Pourtant, il y a de très grandes différences dans les raisons qui poussent les participants à prendre des notes, la façon dont ils les prennent et comment ils les exploitent par la suite. Prendre des notes, c'est une façon de conserver une information que l'on juge utile, cela permet aussi de se concentrer, de mettre en ordre ses idées et de faciliter la mémorisation :

– « *Je prends beaucoup de notes, même si je ne les relis pas toujours, parce que je sais que, en prenant des notes, j'apprends. Je sais que je fonctionne par photographie. Et puis, cela me permet de rester concentré. Et pourtant il m'a été difficile de recommencer à prendre des notes car, dans l'entreprise, je n'étais plus habitué à écrire : tout le monde a une console et on perd l'habitude d'écrire à la main.* » Bruno, 34 ans.
– « *Prendre des notes, c'est important, car c'est un procédé de mémorisation. Il est vrai qu'il y a des supports pédagogiques bien faits qui dispenseraient presque de la prise de notes, mais j'en prends quand même. Les notes éclairent…* » Frank, 32 ans.
– « *Je ne prends pas beaucoup de notes. J'ai du mal à faire cela. Peut-être d'ailleurs parce que je n'ai jamais appris.* » Jean-Louis, 31 ans.

La prise de notes dépend souvent de la nature des cours :

« *Il y a des cours, on est obligé de prendre des notes. C'est très technique. Comme la finance, par exemple. Prendre des notes, cela me permet d'assimiler. Il me faut écrire. Par contre, pour des sujets comme aujourd'hui, la négociation, c'est plus philosophique. Là, je ne prends pas de notes. J'écoute. J'essaye de me prendre des points de référence qui sont du vécu.* » Jean-Marc, 33 ans.

Les différences de comportement en matière de prise de notes sont certainement liés aux profils d'apprentissage◆.

◆ *Voir chapitre 2.*

On remarque très bien la différence entre « ceux qui ont besoin de tout comprendre » et « les synthétiques » :

– « *J'écris très vite parce que cela focalise mon attention. Cela me permet aussi de manquer le moins de choses possible. J'avoue que très souvent on me demande mes notes. Quand quelqu'un n'a pu venir au cours, par exemple...* » Gérard, 30 ans.
– « *Je prends des notes très synthétiques. Je ne sais plus prendre des notes d'étudiant. J'en suis incapable. Je n'arriverai plus à noter comme cela une phrase. C'est plutôt l'idée générale que je retiens avec des mots clés. Je prends des notes un peu comme j'en prenais chez mes clients.* » Antoine, 31 ans.

On considère souvent que la prise de notes est un moyen de fixer son attention. Certains participants préfèrent pourtant se concentrer sur le cours et sa compréhension :

– « *La règle numéro un, c'est aller à tous les cours. En fait, être présent et surtout autant concentré qu'on peut. Prendre des notes ?... Non. Je ne prends dans un cours que des choses que, manifestement, je ne trouverai pas dans la documentation... un truc, des recettes, des choses qui ne s'écrivent pas, un exemple, une remarque astucieuse... Mais ce que dit le professeur et qui relève de la conduite de son cours, je note assez peu...* » Éric, 35 ans.
– « *Avant, je prenais beaucoup plus de notes et je travaillais les cours plus régulièrement. Mais il y a une évolution. Peut-être parce que j'ai une capacité un peu plus grande d'assimilation. Peut-être parce que j'ai une concentration plus grande pendant le cours, pour élaguer ou mieux traiter, mettre en relation. Globalement, c'est sans doute pour moi, mieux comprendre...* » Corinne, 23 ans.

Comment les notes sont-elles ensuite utilisées ? Certains participants ne les reprennent pas systématiquement, soit parce qu'ils n'en ont pas le temps, soit parce qu'elles sont uniquement conservées en vue d'un problème futur :

– « *Les notes, je ne les relis pas tout de suite. Je ne les remets pas en forme. Je les archive : cela peut toujours servir.* » Gérard, 30 ans.
– « *Les notes, je les relis, mais simplement lorsque j'en ai besoin, pour un projet particulier, pour un travail en groupe...* » Bruno, 34 ans.

D'autres relisent systématiquement leurs notes ou, plus, se livrent à un travail approfondi de classement, remise en forme et même « reconstruction du savoir » :

– « *Mes notes, je les relis, je les mets au propre. Je fais de petites fiches de synthèse qui me permettent de restructurer ce que j'ai*

appris. Dans un domaine nouveau, ce n'est pas toujours évident. Cela me permet ensuite de retrouver des éléments importants. » Frank, 32 ans.
– « *Je prends pas mal de notes. J'essaye de les classer au mieux pour les retrouver et je me suis fait des fiches. Cela m'oblige à relire mes cours et je sais que sur certains points, comme je ne vais pas pratiquer immédiatement, j'aurai plus de facilité à retrouver.* » Hervé, 31 ans.

• La pratique de la prise de notes est la démarche typique à propos de laquelle il est souhaitable de vous interroger :
• Quelles raisons peuvent expliquer ma façon de faire ?
• Y a-t-il une cohérence avec ma façon d'apprendre ?
• Aurais-je intérêt à changer ma pratique◆ ? Pour quels résultats escomptables ? Comment pourrais-je m'y prendre ?

◆ *On trouve au chapitre 6 des informations sur les techniques de prise de notes.*

Profiter des apports des membres du groupe

Le fait de se trouver au sein d'un groupe de participants, surtout lorsque ceux-ci ont des origines et des expériences très différentes, est un facteur d'enrichissement :

– « *Ce qui me plaît beaucoup, c'est de me retrouver dans un milieu autre que celui du bâtiment. On se rend compte qu'on a un cercle d'amis qui sont un peu comme nous. Dans son métier, on ne travaille qu'avec des gens du métier. Ici, il y a des gens de tous les secteurs, on peut discuter de leur cursus, savoir pourquoi ils sont là. J'en profite. D'autant que je ne suis pas certain de rester dans le métier du bâtiment.* » Bruno, 33 ans.
– « *Je n'avais plus l'habitude de me retrouver avec plein de gens autour. Dans le boulot, j'étais souvent seule. Il y a beaucoup de choses que je faisais par moi-même. Je retrouve donc une espèce d'ambiance d'étudiants… Ces dernières années, je voyais les gens par à-coups, entre deux déplacements…* » Béatrice, 33 ans.

Évidemment, tout n'est pas acquis du simple fait de la présence des autres. Il faut aussi aller vers eux :

– « *Moi, comme je suis extrêmement curieux, je prends énormément de plaisir à demander aux autres ce qu'ils faisaient, quel était leur métier, quelles étaient les bases de leur métier. Chaque fois que je peux discuter avec quelqu'un de sa fonction, de ce qu'il fait, c'est toujours avec plaisir…* » Pierre, 28 ans.
– « *Il y a des matins où j'arrive en me disant : il faut que je me mette à côté de celui-là, car je n'ai pas encore discuté avec lui et je voudrais bien savoir ce qu'il fait.* » Évelyne, 35 ans.

Les échanges ne concernent d'ailleurs pas simplement les aspects liés à la formation :

– « *Des expériences professionnelles, on en parle... mais on échange beaucoup sur d'autres sujets. Le fait que quelqu'un travaille dans telle entreprise ? Oui, bien sûr, cela m'intéresse. Est-ce qu'il pourrait me refiler des tuyaux ? Oui... mais il n'y a pas que ça. Il y a plein de choses sur lesquelles on échange. Celles qui nous concernent tous...* » Béatrice, 33 ans.
– « *On se refait un nouveau cercle de gens qu'on connaît bien. Avec des points communs...* » Jacques, 45 ans.

C'est en travaillant ensemble que se dégagent les apports essentiels :

– « *J'ai trouvé trois... quatre garçons, qui sont très futés et avec lesquels on confronte nos opinions. Moi, j'apporte un peu mon côté expérience et eux, c'est la technique... et même quelquefois leur fraîcheur.* » Antoine, 31 ans.
– « *On apprend des autres, de leur expérience, de leur forme d'esprit, car il y a un brassage très intéressant et puis aussi dans le groupe parce qu'il faut arriver à dialoguer, à négocier et même à se battre farouchement sur certains points.* » Daniel, 35 ans.
– « *Je me suis trouvée au tout début mise dans un groupe où il y avait des gens très brillants... ou que, moi, j'ai trouvé très brillants. Ils m'ont apporté énormément au niveau puissance de travail, motivation, capacité d'organisation... Quand on est dans un groupe comme cela, on est obligatoirement motivée, cela m'a permis ensuite de prendre une autre position dans de nouveaux groupes où j'arrivais. J'avais appris de cette première expérience et je l'ai exploitée ensuite, par exemple, pour motiver les autres...* » Corinne, 23 ans.

Les différences d'approches et de systèmes de pensée sont particulièrement riches lorsqu'il y a constitution de petits groupes de travail :

« *Dans le groupe de travail, il y avait une personne qui avait un mode de pensée totalement différent. Nous, on était relativement cartésiens. On argumente pour faire passer nos idées, alors qu'elle partait dans tous les sens en développant des arguments qui lui paraissaient intuitivement importants. Il y a eu un peu un choc culturel dans la mesure où cette personne pensait qu'on voulait la démonter. Alors que l'on argumentait simplement avec notre façon de faire. Eh bien... On en a parlé. On a essayé de se comprendre...* » Gérard, 30 ans.

Travailler en groupe n'est donc pas forcément facile même si, de toute façon, cela est formateur :

– « *Ça, c'est aussi une chose qui n'est pas évidente... le travail en groupe. Je n'imaginais pas qu'il pouvait y avoir de telles rivalités, les problèmes de ceux qui veulent imposer leurs vues. On était quatre. On se connaissait bien, on avait des affinités et il y avait quand même un rapport de force qui se créait.* » Renée, 47 ans.
– « *Ce qui m'a été le plus difficile, c'est de m'adapter à la façon de travailler de la personne avec qui je travaille en binôme. J'ai beaucoup fait d'efforts. Moi, j'ai plus la notion du temps qu'il faut passer pour faire quelque chose. J'ai horreur de me laisser déborder. Tandis qu'elle...* » Jean-Marc, 33 ans.

Un des moyens pour surmonter ces difficultés est d'essayer de prendre conscience de ce qu'est le fonctionnement d'un groupe :

« *Dans le système français, vous apprenez à vous connaître assez bien, mais vous ne savez pas comment les autres fonctionnent. Or, quand vous travaillez en groupe, sur un projet par exemple, vous êtes bien obligé de savoir comment les autres fonctionnent. Si vous ne faites pas cet effort, vous ne pouvez pas tirer parti de la synergie. Le vrai défaut est celui de l'intolérance et de la supériorité intellectuelle. Pour peu que vous alliez plus vite et que vous soyez persuasif, vous pouvez écraser celui qui est en face de vous... Vous écrasez celui qui est en face de vous, mais vous ne vous enrichissez pas de l'autre...* » Pierre, 28 ans.

Le groupe en formation n'est pas simplement une ressource dans le domaine des connaissances et du savoir-faire ou même simplement un terrain propice à l'apprentissage. C'est aussi un lieu de vie qui est susceptible d'apporter un support psychologique :

« *Dans cette année, qui est quand même difficile, l'important c'est de se sentir bien avec les autres. Il y a beaucoup de solidarité. Il y a des gens sur qui je peux compter si j'ai un coup de barre, le jour où je suis très fatiguée, où j'en ai marre. Aussi, je ne me sens absolument pas isolée...* » Béatrice, 33 ans.

- **Considérez les autres participants et le travail en groupe comme offrant des opportunités très favorables d'enrichissement personnel et collectif.**
- **Une question à vous poser : Comment devenir un « bon participant » d'un petit groupe de travail◆ ?**

◆ *Voir chapitre 6.*

▶ Travailler en dehors des séances

Le travail dans l'établissement de formation est naturellement le premier auquel on pense mais, pour la quasi-totalité des participants, il doit se prolonger par un temps de travail personnel.

Il est évident que la forme de ce travail dépend du type de formation dont il s'agit et il n'est pas possible, ici, d'entrer dans le détail. Nous retiendrons deux points auxquels sont confrontés de nombreux participants : la lecture et la démarche d'assimilation du cours.

▶ La lecture

Les arguments en faveur de la lecture sont nombreux. Le livre vient en appui de la formation en y apportant des compléments, mais aussi comme une ressource autonome :

> – *« La différence que je vois entre le livre et le cours, c'est que dans le livre, il y a la matière première qui est complète alors que moi, je conçois un exposé comme un éclairage assez spécifique, qui donne des clés, mais qui n'a pas l'ambition de tout donner. »* Jean-Marc, 33 ans.
> – *« Les lectures participent à la formation. Quand je lis* Courrier International *ou* Les Échos, *il va sans dire que je trouve des repères dans ma formation. Cela participe à étayer les savoirs que je trouve ici. C'est certain. À la limite, je dirais que c'est un complément pratiquement indispensable. Bien sûr, il y a les observations que l'on peut faire, il y a des tas d'autres moyens, mais la lecture… »* Frank, 32 ans.
> – *« Le bouquin, pour moi, c'est un support pratique. J'ai un problème, je vais chercher dans un livre comment je peux le résoudre. Par contre, je ne lirai pas comme ça linéairement. Il me manquerait la dimension d'utilisation. »* Jean-Louis, 31 ans.

• La lecture – sous toutes ses formes – est une ressource essentielle en formation.
• Lire de façon efficace n'est pas toujours très évident, mais peut s'apprendre◆.

La lecture peut faire l'objet d'un traitement élaboré :

> *« Pour tous les livres que je lis, je fais des notes sur un cahier que je consacre à cela. À la fin de chaque note, je mets mon avis très personnel sur le livre, ce que j'ai particulièrement retenu, ce qui pourra me servir. Pour les livres que j'achète moi, je les "stabilote" et je les couvre d'annotations… »* Frédéric, 24 ans.

Cependant, la lecture, qui est d'ailleurs fortement préconisée dans de nombreuses formations, n'est pas forcément un exercice facile :

> – *« Le problème des lectures, c'est qu'on n'a pas l'habitude de lire autant pendant la vie professionnelle. Ou c'est plutôt une habitude qu'on a perdue par rapport au temps où l'on était étudiant. Dans la vie professionnelle, on apprend surtout par les contacts. »* Patricia, 40 ans.
> – *« Pour moi, la lecture c'est très pénible. Je lis horriblement lentement. En fait, c'est certainement lié au problème que j'ai de vouloir tout comprendre. »* Éric, 35 ans.

◆ *Voir chapitre 6.*

La démarche d'assimilation du cours

Il ne suffit pas d'assister au cours, même en y participant de façon intense, pour que les contenus soient assimilés. Le travail mental est complexe puisqu'il faut, à la fois, comprendre, établir des relations avec d'autres acquis, apprécier les limites des raisonnements, mémoriser, mettre en application…

Le travail préalable est un moyen de se préparer à un cours et d'y être plus participatif :

> – *« Je m'astreins à la préparation des cours. Ce qui m'apparaît d'une productivité dix fois plus intense que de simplement travailler le cours après. Pour moi, cela a été une découverte. »* Éric, 35 ans.
> – *« Essayer de dégrossir un peu le sujet avant, à partir de bouquins, même si l'on bute assez vite. Ce que l'on aura vu avant facilitera, rendra plus profitable ce qui sera entendu ensuite dans la formation. Naturellement, on sera plus à l'aise pour participer. »* Jean-Marc, 33 ans.

Lorsque l'on entre à nouveau dans le monde de la formation, parfois longtemps après des études initiales, le travail après le cours risque de poser des problèmes :

> *« Les cours en eux-mêmes me passionnaient, mais lorsque je me retrouvais toute seule… cela devenait beaucoup plus difficile. »* Renée, 47 ans.

C'est bien alors qu'on s'aperçoit qu'il faut aller beaucoup plus loin :

> – *« Il doit y avoir une phase où l'on engrange et puis, après, une phase permettant de se l'approprier. Avant, quand j'étudiais une matière comme l'histoire, cela consistait à étudier deux ou trois chapitres et à essayer de réfléchir sur un plan de dissertation, à propos d'un sujet donné. Maintenant, avec la formation que je fais, je ne peux pas rester aux définitions, aux idées générales. Il faut, en appliquant, que je voie comment les données s'articulent entre elles et ce qu'on peut leur faire dire. Tout cela, il faut le faire soi-même. Ce minimum que l'on fait dans le temps même de la formation, en cours, cela met le pied à l'étrier. Le reste on le fait chez soi… »* Jean-Marc, 33 ans.
> – *« Ce qui est peut-être le plus intéressant, c'est de revenir sur le cours après. Je reprends les copies des transparents lorsqu'on nous les a données, je reprends mes notes, je me sers de la bibliographie que l'on nous a indiquée. »* Évelyne, 35 ans.

De toute façon, il apparaît nécessaire de réactiver les acquis :

– *« Je ne sais pas si tout le monde est pareil. Moi, je n'assimile pas la première fois. J'ai besoin de revoir ça deux, trois fois... »* Jacques, 45 ans.
– *« J'aime bien tordre les choses, voir comment elles résistent dans le temps. »* Daniel, 35 ans.

Trois démarches sont à retenir : la mise en forme, la réalisation d'applications et l'explication à d'autres.

• **La mise en forme** : les notes prises en cours peuvent utilement faire l'objet d'un traitement : résumé, mise en lumière des points importants, réalisation de schémas... Tout ce qui contribue à faire vivre les notes en les mettant en forme est ici intéressant.

– *« On se moque beaucoup de moi car j'aime bien les couleurs. J'en suis même un peu maniaque. J'ai des codes de couleur. Je fais des petits dessins. C'est ma façon à moi de retravailler et de m'y retrouver ensuite. »* Pierre, 28 ans.
– *« Moi, je mets beaucoup de choses sur micro, pour avoir le plus possible sous forme de banque de données. Cela me sert pour retravailler et, en particulier, vérifier que j'ai bien compris en faisant les exercices. »* Jacques, 45 ans.
– *« Je découpe. Je range par thèmes. Non pas par souci de rangement, mais parce que c'est du traitement de l'information qui est adapté à ma façon de voir les choses. »* Frank, 32 ans.

• **La réalisation d'applications** : elle est certainement un moyen très efficace d'assimiler le cours. De plus, c'est une démarche qui convient particulièrement bien aux adultes en formation :

– *« Tous les exemples chiffrés, je les refais. Cela me permet de reprendre la méthode, de revenir sur des points que je n'avais pas compris et cela me fixe les idées. »* Frédéric, 24 ans.
– *« Faire les applications, cela me démontre à moi-même que j'ai compris car ce sont des choses que l'on aura à faire pratiquement dans l'identique dans la vie professionnelle. »* Gérard, 30 ans.

• **Se mettre en situation d'apprendre à d'autres** : si l'on est en mesure de pouvoir expliquer aux autres une partie du cours, la façon de résoudre un problème, les subtilités d'une application..., il est à peu près certain que l'on aura soi-même très bien compris et assimilé. S'y préparer est un bon moyen d'apprendre et de développer aussi une synergie entre les apprenants.

– *« Je prends un bouquin. Je le résume... En fait, ce n'est pas simplement le condenser. C'est plutôt comme devenir moi-même capable de faire le cours. Je commence à dire : Quelle est la struc-*

ture de ce que l'on peut dire à partir de ce bouquin ? À partir de cela, comment se développent les idées ? Donc, c'est un organigramme dans ma tête... » Pierre, 28 ans.
– « *J'essaye aussi d'expliquer aux autres comment je comprends quelque chose et éventuellement de le présenter sous une forme non technique. Cela, je le fais auprès de ceux qui arrivent en cours de route, s'ils perdent un peu les pédales. Il n'y a rien de meilleur pour être clair sur un sujet que de le présenter à d'autres. Si on apporte aux autres, on a aussi un retour. Moi, cela m'est assez naturel...* » Jean-Marc, 33 ans.

Trois démarches pour mieux assimiler le cours :
• Le remettre en forme, à partir de vos notes et réactiver vos connaissances.
• Mener des applications permettant « d'apprendre par l'expérience »◆.
• S'entraîner à expliquer à d'autres personnes◆.

◆ *Voir chapitre 3.*
◆ *Voir chapitre 6.*

▶ Les évaluations

Il n'est pas toujours très agréable d'être évalué, noté. Cela rappelle l'école. Pourtant un système d'évaluation donne souvent d'utiles informations en retour et une garantie de la qualité de la formation :

– « *Pour les examens, on a toujours un petit frémissement et puis on relativise. Je craignais que les contrôles soient trop scolaires, mais ce n'est pas trop le cas. La vraie valeur, c'est que j'ai compris... La note est plutôt symbolique pour moi.* » Gérard, 30 ans.
– « *La note, c'est la reconnaissance d'un travail et c'est dire : OK... sur ce point, je suis bon. C'est un indicateur.* » Stéphane, 23 ans.
– « *L'idée de se faire contrôler, cela me faisait plus penser à une formation sérieuse. Normal qu'on soit notés : on ne fait pas du tourisme.* » Béatrice, 33 ans.
– « *Le milieu bancaire, c'est aussi tout plein de notations. Cela ne change pas trop... Quand je sors de chez un client, j'ai un rapport à faire et là-dessus je suis un peu noté. Il y a un comité de crédit qui fait des commentaires et qui se prononce donc aussi sur mon travail...* » Antoine, 31 ans.

Les évaluations menées par l'organisme de formation permettent de faire le point sur la réalisation des objectifs d'apprentissage. Il faut donc vous y prêter volontiers en dépassant les réticences que vous pouvez avoir à être noté.

PARTIE

III

DES MÉTHODES ET DES OUTILS POUR SE FORMER

CHAPITRE 5

CHAPITRE 6

CHAPITRE 5

TRAVAILLER SUR SOI-MÊME

Conquérir son autonomie en formation nécessite de travailler sur soi-même pour mieux se connaître, identifier ses façons d'apprendre, les améliorer et innover. Au début d'un apprentissage et tout au long de celui-ci, il faut s'efforcer de clarifier et de renforcer ses motivations. Il est possible de développer sa concentration pour gagner du temps et de l'efficacité. Le « journal de bord de sa formation » est un outil qui permet d'assurer son propre suivi.

Si l'on est bien conscient maintenant que celui qui apprend est au centre du processus, que la voie essentielle est celle de l'autonomie et que, apprendre, c'est aussi changer… la nécessité de travailler sur soi-même devient évidente, pour maîtriser tant soit peu le phénomène.

Nous avons déjà mis l'accent◆ sur l'importance d'avoir à mieux se connaître : Ce n'est pas « de façon très générale » que l'on a à travailler sur soi, mais à partir de ce que l'on est. L'approfondissement de ses pratiques préférentielles et de son profil d'apprentissage est une démarche qui doit se poursuivre dans le temps. Comment ai-je procédé pour apprendre ? Qu'est-ce qui a marché et moins bien marché ? Que puis-je essayer et améliorer ? C'est prendre du recul, analyser ses façons de faire pour les rendre plus efficaces, en chercher des nouvelles et les expérimenter.

◆ *Voir chapitre 2.*

Pour s'engager sur la voie d'une plus grande autonomie en formation, le désir d'apprendre et le sentiment que cela va permettre d'atteindre les objectifs que l'on vise sont essentiels. Chacun a donc intérêt à se centrer sur l'élaboration de son « projet de formation », puis à s'y référer constamment : c'est ce qui va donner un sens à l'action d'apprendre. Un bon projet renforce la motivation et permet de résister au découragement. Si l'on sait où l'on va et comment y aller, tout devient plus facile. Le projet s'inscrit dans la durée et l'on constate souvent que, après un temps d'enthousiasme initial, des périodes de doute risquent bien de survenir. Se rattacher continuellement à son projet est alors un précieux recours.

Lorsque dans des discussions avec des adultes en situation de formation, on évoque les problèmes rencontrés relatifs à ce travail sur soi-même, deux préoccupations apparaissent fréquemment :

- Étudier nécessite une forte concentration alors que les exigences de la vie professionnelle favorisent plutôt la dispersion et la fragmentation du temps. Comment parvenir à mieux se concentrer ?
- Apprendre de façon autonome pose le problème de maîtriser sa démarche dans le temps. Existe-t-il un moyen d'assurer le suivi de son propre apprentissage ?

▶ Améliorer sa concentration ?

On cite souvent avec admiration et envie le cas de personnes ayant une forte faculté de concentration. Faire beaucoup, très bien et en peu de temps est certainement une grande force et tout le monde ne bénéficie pas d'un tel pouvoir.

Se disperser est, bien sûr, le contraire de se concentrer et chacun en est victime à un moment ou à un autre : c'est l'obligation ou la tentation de faire quantité de choses en même temps. Même s'il n'y a pas dispersion, il se peut que l'on éprouve beaucoup de mal à se fixer et à comprendre : ce peut être le cas lorsqu'on lit un texte difficile. Les circonstances jouent également. N'entend-on pas fréquemment dire : « Aujourd'hui, je n'arrive pas à me concentrer… » ? Lire un roman pour son plaisir ne nécessite généralement pas d'efforts pour se concentrer. L'intérêt même de l'intrigue suffit à maintenir l'attention et l'on peut alors s'isoler complètement du monde extérieur. Par contre, la lecture d'un article portant sur une technique que l'on connaît mal nécessite de se « mobiliser » sur ce texte : il ne faut surtout pas être dérangé pour bien se centrer sur toutes les difficultés de compréhension et mémoriser. On pourrait dire qu'il y a ici un « effet laser » : « La puissance relève du faisceau de rayonnement spatialement et temporellement cohérent. » Tiens, voici une phrase difficile, sur laquelle il faudrait pouvoir se concentrer…

Chapitre 5 : Travailler sur soi-même

Marol et Roumanoff, *Sois sage*, La Table ronde, 1994.

Améliorer votre pouvoir de concentration est le moyen de gagner en efficacité mais aussi d'acquérir un sentiment de maîtrise.

En fait, la productivité du travail intellectuel a été peu étudiée. Le taylorisme et le néotaylorisme se sont intéressés au travail ouvrier avec l'objectif de produire plus dans le même laps de temps, tout en conservant les standards de qualité. Ces techniques n'ont guère été appliquées aux travaux intellectuels. Heureusement ! pourrait-on penser d'abord... mais d'un autre côté, on conçoit bien l'intérêt, ici aussi, de travailler à la fois plus vite et de façon plus intense.

Dans le domaine du sport, la nécessité de la concentration et les techniques pour y parvenir ont été l'objet de beaucoup de recherches. On pense immédiatement à la concentration du tireur à l'arc, du joueur de tennis, mais c'est pratiquement dans toutes les disciplines que l'on reconnaît maintenant l'importance de la concentration : « À ce moment-là, j'ai compris que je ne pouvais plus gagner, j'étais déconcentré... »

Les philosophies orientales ont, dans le champ de la spiritualité, accordé une très grande importance à la concentration. Elle est souvent considérée comme un préalable à la méditation : il faut, avant tout, entraîner le mental à se fixer sur un objet, un concept.

▶ D'abord se préparer

Se préparer, c'est déjà agir et rien ne doit être négligé à ce stade, que ce soient les aspects physiques ou psychologiques. On dit souvent que certaines réussites des Japonais tiennent à ce que, avant de se dédier complètement à l'action, ils consacrent plus de temps et d'effort à sa préparation.

▷ *Se libérer l'esprit*

C'est s'abstraire des préoccupations qui vont gêner la concentration en revenant périodiquement tenir la première place dans notre esprit.

Si je suis préoccupé par la prochaine échéance de la traite que j'ai à payer, par les résultats attendus de l'examen que passe mon fils, par cette lettre difficile que j'ai à écrire à une administration..., je vais avoir du mal à me concentrer sur mon travail. Évidemment, je ne peux pas faire un sort à toutes ces préoccupations avant de commencer ! Cependant, dans des situations vraiment perturbantes, il existe quelques moyens de se libérer l'esprit. Le premier est de devenir plus conscient de ces préoccupations pendant quelques instants et de leur accorder la réelle attention qu'elles méritent. Les mettre sur le papier peut aider à se poser quelques questions simples : Pour ce problème, qu'est-ce qui dépend de moi et qu'est-ce qui ne dépend pas de moi ? Si j'ai des craintes, des peurs, quelles sont-elles exactement ? Sont-elles justifiées ? Une meilleure information me permettrait-elle d'être moins soucieux ? Comment puis-je alors l'obtenir ? etc. Rechercher plus de clarté aboutit souvent à mieux prendre la vraie mesure de ce que l'on ressent et à en être moins affecté. Un autre moyen est de fixer le moment auquel on se consacrera à telle ou telle préoccupation. : « D'accord, j'ai à écrire cette lettre délicate à telle administration. Eh bien, je m'en occuperai mercredi soir ; maintenant que j'ai décidé de cette plage de temps pour le faire, je n'ai plus à m'encombrer de ce souci. » C'est ainsi que programmer est susceptible d'apporter une certaine liberté.

▷ *Réactiver sa motivation*

On travaille plus facilement si l'on sait pourquoi on le fait. C'est valable pour le travail ouvrier comme pour le travail intellectuel. Les sportifs ont présent à l'esprit le désir de vaincre. Ce n'est que dans cette perspective qu'ils acceptent de suivre de durs entraînements. Avant de commencer à travailler, imprégnons-nous donc à nouveau de ce qui fonde notre volonté d'apprendre : désir de réussir un examen, d'occuper une nouvelle fonction, de parfaire notre développement personnel…

▷ *Préparer la tâche à réaliser et les outils nécessaires*

Il s'agit là d'une préparation bien spécifique au travail que l'on projette de réaliser. Avant de commencer, il est nécessaire d'avoir circonscrit ce sur quoi l'on souhaitait se concentrer et qui doit former un ensemble cohérent, même si ce n'est qu'une partie du tout que l'on a à étudier : lecture d'un chapitre de cours, réalisation de tel exercice, etc. Il faut s'éviter d'avoir à se « déconcentrer » pour aller chercher telle information manquante ou tel outil qui n'est pas à portée de main. De façon tout à fait générale, on constate que l'on gagne du temps au total, lorsque l'on a prévu une ou plusieurs petites plages préalables de préparation.

▷ *Se représenter en train de faire*

Les sportifs utilisent de plus en plus les techniques de « visualisation ». Il s'agit de se représenter soi-même, de « se voir » en train de mener à bien une action et cela avec aisance en se donnant complètement, sans se contracter sur le résultat. Cela a d'abord été pratiqué par les athlètes russes pour se préparer aux compétitions de poids et haltères. Depuis, les applications sont nombreuses : golf, tennis, ski…

Les techniques de visualisation sont applicables à de nombreuses activités[1]. Dans le cas d'un travail intellectuel, par exemple :

> *« Je m'imagine, bien installé à ma table de travail. Les conditions sont optimales. L'éclairage est bien adapté. J'ai tout ce qu'il me faut autour de moi. Je me sens dans la position juste. Je me vois commencer à lire avec aisance, prendre des notes, faire des schémas pour reprendre les idées principales. J'essaye de faire des relations avec des situations concrètes que j'ai déjà connues. Après un travail intensif, mais durant lequel j'ai réussi à rester décontracté, je fais le bilan de ce que j'ai appris et qui me permettra d'aller plus loin. Je me sens content de mon travail et du développement de ma compétence en ce domaine. »*

► Assurer la tension nécessaire et gérer les interruptions

La concentration est un temps fort d'une activité principale qui doit être tendue vers le but à atteindre. Cette intensité sera stimulée par un délai qu'il est nécessaire de se fixer à l'avance. On constate souvent que l'on règle beaucoup de choses la veille d'un départ en vacances... C'est certainement parce que l'on est sous la pression du temps que l'on va ainsi à l'essentiel, en s'efforçant d'aller vite, sans se laisser distraire par des sollicitations secondaires. Se donner un délai, se dire que l'on va travailler intensément sur telle ou telle tâche pendant une heure, c'est se mettre dans un état de tension indispensable, comme si l'on avait à courir une distance pendant un temps limité... L'état de tension ne peut naturellement pas durer toujours. Pour en profiter au mieux, il faut se détendre avant et après l'effort, l'ensemble constituant un véritable cycle. Avant d'étudier un point difficile, on s'accordera quelques instants de relaxation, même s'il ne s'agit que de s'installer bien droit sur sa chaise en fermant les yeux et en pratiquant de longues respirations très régulières. Après l'effort, on se détendra de la même façon.

Se concentrer, c'est, bien sûr, s'isoler du monde extérieur qui ne doit pas perturber le processus mental. Tout naturellement ou avec un peu d'entraînement, il est très possible de s'isoler même dans des conditions *a priori* défavorables, comme dans un transport en commun. Cela procure un grand sentiment de maîtrise de soi.

Même si l'on a pris toutes les précautions pour ne pas être interrompu en s'étant isolé physiquement, des éléments extérieurs peuvent survenir et perturber ce centrage nécessaire sur l'objet étudié. Ce peut être un bruit inattendu, l'irruption d'un enfant dans la pièce où l'on travaille, etc. Ces incidents amènent naturellement à froncer les sourcils et même quelquefois à réagir violemment. En fait, ce type de réaction renforce la perturbation. Il ne faudrait pas se braquer. On dit souvent qu'à Flushing Meadow, le passage des

1. N. Philippe, *Changer par la visualisation*, Retz, 1989.

avions aurait tendance à déconcentrer les joueurs de tennis. Ceux-ci s'exercent à ne pas en être dépendant, mais à reconnaître ce bruit comme tel, l'admettre et l'oublier.

Les interruptions ne viennent pas seulement de l'extérieur, mais aussi de soi-même. C'est un objet sur la table de travail sur lequel se détourne l'attention. L'esprit vient à vagabonder par associations successives d'idées et d'images. Dans ce cas aussi, il faut admettre l'interruption et l'écarter doucement. Un exemple très courant d'auto-interruption est celui de la « bonne idée » qui survient tout à coup et qui pourrait donner lieu à une application si intéressante... Ou bien l'on vient soudainement à penser qu'il ne faudrait pas oublier de faire telle ou telle chose. Une solution est d'avoir prévu pour cela une feuille de papier, d'y noter immédiatement la bonne idée ou la chose à faire, puis de repousser doucement le papier.

Exercice

Entraînez-vous à améliorer votre concentration avant chaque tâche à accomplir.

Accorder aux préoccupations l'attention qu'elles méritent	– Listez-les et apportez-leur une réponse écrite ou – Fixez le moment où vous les réglerez
Réactiver la motivation	Imprégnez-vous de ce qui fonde votre volonté d'apprendre
Préparer la tâche à réaliser et les outils nécessaires	– Déterminez précisément son contenu – Munissez-vous du matériel utile
Visualiser	Représentez-vous en train de mener à bien votre action
Assurer la tension	Fixez-vous un délai
Gérer les interruptions	– Exercez-vous à ne pas être dépendant de l'extérieur – Admettez puis écartez les auto-interruptions

▶ Se donner l'« attitude juste »

L'attitude physique a une incidence sur la concentration. Pour travailler intellectuellement, il est préférable d'être bien installé, correctement éclairé, à une température agréable, de se tenir la colonne vertébrale bien droite, les épaules abaissées, avec de bonnes possibilités d'utiliser sa capacité respiratoire.

Écoutons quelques conseils d'un sage de l'Inde sur l'« attitude juste[2] » :

2. Swami Sivândana Sarasvati. *La Pratique de la méditation*, Albin Michel, « Spiritualités vivantes », 1989.

« Asseyez-vous dans une pose confortable ; relâchez tous les muscles du corps. Il ne devrait subsister aucune tension musculaire, émotionnelle, nerveuse ou mentale. Apaisez le mental ; imposez silence au bouillonnement de la pensée. Calmez les émotions. [...] Vous devez montrer de l'intérêt pour la concentration. C'est alors seulement que toute votre attention se portera sur l'objet de celle-ci. Il ne peut pas réellement y avoir concentration si le pratiquant ne fait pas preuve d'un degré remarquable d'intérêt et d'attention. [...] La concentration, en fait, est le rétrécissement du champ de l'attention. [...] Quand vous exécutez un travail, plongez en lui ; oubliez-vous vous-même, perdez votre moi. Concentrez-vous sur ce travail ; éliminez toute autre pensée. Quand vous faites une chose ne pensez à aucune autre. Quand vous lisez un livre ne pensez à aucun autre. »

Avant	Temps de concentration	Après
• Se libérer l'esprit • Réactiver sa motivation • Préparer la tâche • Se représenter en train de faire • Se fixer un délai *Se détendre*	• Conserver l'« atitude juste » • Gérer les interruptions	*Se détendre* • Se féliciter du travail accompli

Tous les moyens susceptibles de soutenir l'attention sont ici à utiliser. Lors des lectures, par exemple, surligner le texte, porter des appréciations en marge, prendre des notes en essayant de bien repérer les enchaînements.

Exercice

Entraînez-vous à vous concentrer

Établissez votre programme de formation personnelle pour la semaine à venir.

• **L**'objectif est de déterminer les différents travaux que vous allez décider de réaliser à des moments précis et de façon conciliable avec vos autres occupations, cela avec un certain niveau de détail (date, horaire, durée).

• **C**hoisissez un moment où vous ne serez pas dérangé et où vous aurez l'esprit plus libre.

• **R**éactivez votre motivation : l'établissement de ce programme est indispensable à moins de toujours repousser les travaux à réaliser et même si des événements nouveaux viennent parfois perturber ce que vous aurez prévu.

• **P**réparez tout ce dont vous aurez besoin (agenda, livres, notes, dossiers...)

• **R**eprésentez-vous en train de faire cette programmation sur un support que vous aurez préparé : une grande feuille de papier avec 7 colonnes représentant les jours.

• **F**ixez-vous une durée à ne pas dépasser (par exemple : 20 minutes). Cela dépend de la variété de vos activités et de votre habitude de faire une telle programmation. Mettez votre montre devant vous.

• Installez-vous correctement
• Détendez-vous et commencez.
• Centrez-vous sur la tâche à réaliser et ne vous laissez pas distraire par des « digressions » : vous devez, par exemple, prendre connaissance rapidement d'un chapitre à lire pour en évaluer la difficulté et le temps de lecture qui sera nécessaire, mais ne pas commencer à le lire…
• Après cette réalisation, détendez-vous en vous disant que c'est une très bonne chose d'avoir maintenant établi ce programme. Grâce à cet effort de concentration, vous y voyez maintenant bien plus clair sur votre activité de la semaine prochaine.

▶ Assurer son propre suivi grâce au « journal de bord »

Il existe une assez grande variété de journaux que l'on tient ainsi soi-même. Le « journal intime » en est certainement la forme la plus connue et la plus ouverte[3]. On y relate des faits ayant marqué la journée en les annotant de réactions, commentaires et réflexions. Le rédacteur se donne une totale liberté pour aborder la plus grande variété de thèmes. L'introspection et la rêverie y ont souvent leur place. De simple confident, le « journal intime » peut devenir une œuvre littéraire, et de très grands écrivains ont publié le leur.

D'autres journaux sont très centrés sur une activité donnée, le « journal de bord » des bateaux en est une application très connue : il s'agit de consigner la position journalière du bâtiment et les faits ou incidents qui ont marqué le déroulement de la navigation. De la même façon, un sportif tiendra le journal de son entraînement, un scientifique celui de ses expérimentations…

Le « journal de bord de votre formation » est un espace offrant une possibilité de suivi personnel et de réflexion grâce à une expression écrite régulière, portant sur votre activité de formation.

Cet outil a été appliqué à la formation, aussi bien initiale que pour les adultes, et cela surtout dans le monde anglo-saxon. Par analogie avec la navigation, le terme de « log-book » a souvent été employé, bien que les notations du livre de bord soient en général très fragmentaires.

▶ Comment tenir son journal de bord ?

Il n'y a pas de forme particulièrement prescrite, de simples feuilles de papier peuvent faire l'affaire. Cependant, on recommande souvent de retenir la forme du cahier qui évite la dispersion et de choisir un assez grand format, qui donne plus de liberté et stimule la créativité. En effet, on y « écrira » son journal, mais l'espace sera pleinement ouvert aux schémas, graphes, dessins…

3. P. Lejeune, *Pour l'autobiographie*, Le Seuil, 1998.

Si on se réfère à l'étymologie, le terme même de journal impliquerait qu'on y écrive tous les jours… et l'on perçoit immédiatement quelle peut être la contrainte. En fait, c'est une discipline régulière à laquelle cela implique de s'astreindre, mais chacun choisit son rythme. La formation connaît des temps forts et aussi des journées de calme plat. À certaines périodes, on éprouve un fort besoin d'écrire, à d'autres on est entièrement absorbé par l'action. L'essentiel est de ne pas passer de trop longues périodes – disons, par exemple, quinze jours – sans écrire. On notera chaque fois la date à laquelle on écrit, ce qui permettra de mieux situer les événements importants et de suivre la progression.

L'important est de se centrer sur sa formation et sa démarche d'apprentissage, que ce soit à l'occasion de formations formelles, d'expériences, ou même dans la vie de tous les jours.

► Que consigner dans le journal de bord ?

– Des faits : Travaux réalisés. Conférences auxquelles on a assisté. Articles lus. Personnes intéressantes rencontrées. Échanges avec des collègues…

– Des expériences : Concernant, par exemple, la recherche d'informations, la vie d'un groupe de travail, la mise en œuvre d'une démarche apprise, etc.

– Des idées : Ce que l'on retient de particulièrement marquant. Synthèses apparues comme les plus utiles. Citations éclairantes. Relations avec d'autres champs de pensée ou d'expérience. Contacts à prendre. Livres à lire.

– Des réactions : Espoirs. Projets. Enthousiasmes. Lassitudes. Contestations…

– Des questionnements : Points cruciaux à éclaircir. Clés encore à rechercher. Doutes…

– Des observations sur la démarche d'apprentissage : Progrès accomplis. Principes d'action à retenir. Outils à expérimenter…

Rien n'interdit, bien sûr, d'élargir le champ et de profiter de temps à autre de cet espace très personnel pour consigner des faits et des réflexions concernant d'autres aspects de sa vie.

► Les apports de l'écriture réflexive

Le journal de bord apparaît d'abord comme un outil qui facilite la démarche de formation, un peu comme l'agenda facilite l'organisation de la semaine. Instrument pratique, il joue un rôle de base de référence et d'aide-mémoire. C'est, bien plus, un support de développement personnel et cela grâce à la puissance de l'écriture. Il permet de donner un sens aux expériences, facilite l'intégration de connaissances par ailleurs fragmentées et favorise les nouvelles synthèses.

> *Pourquoi avoir écrit ?*
>
> « ... Mais à la question *Pourquoi avoir écrit?* les réponses seraient similaires : pour se rasséréner... et pour se féconder.
>
> Mais aussi pour se resituer, pour se restituer, pour se recycler, pour se renouveler, pour se réactiver, pour se radiographier, pour se raffermir, se raffiner, se ragaillardir, pour se ressourcer, pour se réajuster, pour se récupérer, pour rebondir, pour se rappeler, pour se réapprovisionner, pour se raviver, pour se regagner, pour se redéployer, pour se réfléchir, pour se réassumer, pour se réensemencer, pour se réveiller, pour se recueillir, pour se repêcher, pour se reprendre, pour se recharger, pour se rééduquer, pour se réarmer, pour se réengendrer et, pourquoi pas, pour se ressusciter[3]. »

C'est aussi un moyen de communication avec soi-même, témoin de ce que l'on vit, et peut-être aussi, confident. Sa fréquentation régulière, sa relecture appellent à plus de conscience et d'engagement. En ce sens, il maintient et renforce la motivation et prépare à l'action.

Écrire favorise l'émergence de sentiments inconscients que l'on gagne à mieux connaître et à expliciter. Essayer, par exemple, de mettre noir sur blanc les difficultés d'apprentissage ressenties permet d'en prendre la mesure de façon plus objective et oriente sur la recherche de solutions.

L'écriture implique de prendre un certain recul par rapport à l'événement, en développant les facultés d'abstraction et d'expression, ce qui est utile dans de nombreux domaines.

Les réticences éventuelles tiennent surtout à des positions de retrait vis-à-vis de l'écriture et à l'effort de composition qu'elle implique. On s'entend dire : « Mettez-moi tout cela par écrit ! » Dans ce domaine encore, il est toujours souhaitable de se livrer à un essai, qui est absolument sans risques, la confidentialité étant assurée par vous-même. Au prix d'un léger effort personnel, puis avec un certain plaisir, on peut faire du journal de bord un instrument essentiel pour devenir autonome en formation.

3. H. Desroches, « D'une écriture autobiographique à une procédure d'autoformation », Éducation Permanente, n°s 72, 73.

4. Pour aller plus loin : L. Timbal-Duclaux, *L'Écriture créative*, Retz, 1986.

Exercice

Surpassez la peur de la page blanche[4]

Prenez un cahier ou une simple feuille de papier.

- **P**révoyez deux colonnes et notez très spontanément ce qui vous plaît dans la matière que vous travaillez actuellement et, d'un autre côté, ce qui vous plaît moins.
- **C**ontinuez une phrase commençant par : « Pour que je puisse mieux étudier, il faudrait... » et essayer de trouver quelques moyens pour répondre à ce besoin.
- **É**crivez un petit compte rendu de la dernière expérience ou du dernier exercice que vous avez réalisé dans le domaine que vous étudiez. Continuez en notant ce que vous en avez retiré.

CHAPITRE

6

S'APPROPRIER DES TECHNIQUES POUR APPRENDRE

Chacun devrait pouvoir tirer profit de techniques qui facilitent l'apprentissage. Il est néanmoins nécessaire de les adapter à sa personnalité pour pouvoir vraiment se les approprier. La lecture reste un instrument essentiel pour apprendre et se cultiver, d'autant qu'il est possible de lire mieux et plus rapidement. Prendre des notes, c'est beaucoup plus que chercher à stocker de l'information. Travailler en petit groupe devient plus efficace avec un minimum d'organisation et de psychologie. On peut apprendre aussi… en apprenant aux autres.

La vocation première des méthodes est de montrer une façon de s'y prendre, un « cheminement » efficace vers un objectif. Elles aident à mieux faire ce que l'on fait. Si l'on a acquis de bonnes méthodes, il est possible de se centrer sur « ce qu'il y a à faire » et pas tout le temps sur « comment le faire ? ».

Pourtant, évoquer la nécessité d'avoir à employer des « méthodes » a souvent tendance à rebuter. Cela tient sans doute aux contraintes que cela sous-entend et parfois à l'écart entre des prescriptions très formelles et des résultats que l'on a du mal à anticiper. Nous avons nos propres façons de nous y prendre, souvent forgées par l'empirisme. La résistance au changement joue : « On nous propose d'autres façons de faire alors que les nôtres ne marchent pas si mal. » Et puis, on a tendance à rechercher surtout des recettes dans le sens où « les recettes, c'est ce qui marcherait toujours »...

En fait, il n'est pas possible de proposer méthodes et outils – qui sont au service des méthodes – adaptés à tous et à toutes les situations. Et, ce n'est pas ce qui s'impose de l'extérieur qui risque le mieux de réussir : chacun doit trouver ce qui est plus approprié à sa personnalité et aux problèmes rencontrés.

La toute première attitude est d'accepter l'idée qu'il peut être intéressant de se remettre en cause, de mettre en pratique ce qui a pu réussir ailleurs. C'est une sorte de pari qui conduit à **essayer**.

Il faut apprivoiser les techniques et la main doit se faire à l'outil. Comme très souvent les résultats tangibles ne sont pas immédiats, il est donc nécessaire de **persévérer**.

Les choses appartiennent à ceux qui les transforment. Il est probable que vous n'adopterez pas purement et simplement telle façon de faire sans y mettre votre empreinte ou même innover dans le domaine. On ne peut pas dire qu'il y ait obligatoirement deux phases successives : « J'acquiers méthodes et outils puis j'apprends. » La plupart du temps, il reste à **apprendre en apprenant**.

Les sujets qui seront abordés ici relèvent d'un choix, et bien d'autres auraient pu l'être. Il y a une cinquantaine d'années, par exemple, l'essentiel des méthodes pour apprendre relevait de l'amélioration des facultés de mémorisation. Bien que le thème soit tout à fait pertinent[1], il ne figurera pas ici. Nous avons pris le parti de retenir ce qui était apparu comme les préoccupations majeures abordées par des adultes en formation◆.

◆ *Voir chapitre 4 « Participer efficacement à une session de formation ».*

Des indications bibliographiques pourront constituer autant de pistes pour ceux qui, sur tel ou tel point, sont désireux d'aller « plus loin ».

Comment lire avec intelligence

La lecture a souvent été présentée comme un instrument universel de culture. Il est vrai que les arguments en sa faveur sont nombreux. Voici les principaux présentés dans le tableau ci-après.

Le livre subit pourtant la concurrence d'autres supports qui se diversifient de plus en plus : télévision, vidéocassettes, disquettes informatiques, CD-ROM, accès à des réseaux comme Internet, etc. L'image exerce ainsi sur nous une influence grandissante.

La lecture ne risque-t-elle pas d'être progressivement perçue comme un mode relativement désuet d'acquisition de connais-

1. Lire en particulier, S. Lair, *Savoir maîtriser sa mémoire*, Retz, 1997 et M. J. Couchaere, *Éduquer la mémoire*, ESF, 1992.

Chapitre 6 : S'approprier des techniques pour apprendre
Chaval, *L'Homme*, © Chaval, Éditions Albin Michel.

LES ARGUMENTS EN FAVEUR DU LIVRE	
L'étendue des domaines couverts	Tous les thèmes de la connaissance sont effectivement abordés, dans une production de plus en plus diversifiée d'ouvrages et d'articles.
La possibilité d'une information autonome	Les autodidactes apprécient tout particulièrement la lecture. À la limite, il est possible de se former ainsi, dans un domaine donné, à l'insu des autres.
La progressivité dans l'accès aux connaissances	Toute une littérature d'initiation prépare à des publications de plus en plus « pointues ».
La variété des approches	Dans de très nombreux domaines, il est possible de confronter des méthodes et des points de vue très différents.
Le libre choix des rythmes	On peut parcourir un texte, s'y attarder, le reprendre… même quelques mois après.
La portabilité	Livres et revues sont aisément transportables et toute plage de temps dégagée est utilisable pour la lecture. Un peu de lumière est simplement nécessaire…
Le coût	Le prix d'un livre ou celui d'une revue est souvent sans rapport avec celui d'autres moyens de formation. Et puis, on peut emprunter à un ami, à une bibliothèque…

sances ? « Lire pour soi », considéré comme un exercice solitaire, contraste avec les situations d'interactivité jugées plus dynamiques et, par là, plus valorisées. L'image présente aussi un certain nombre d'avantages : la perception immédiate par le cerveau, un pouvoir émotionnel très fort… Son efficacité est grande lorsqu'il s'agit de faire découvrir rapidement une situation, de décomposer les mouvements constituant un savoir-faire, de présenter des structures physiques ou organisationnelles, avec toutes les ressources techniques de l'animation et des images de synthèse.

Pourtant, tout ne peut être dit par l'image. Dans le domaine scientifique, par exemple, les aspects d'initiation peuvent être très utilement servis par un support filmé simple ou interactif, mais à partir d'un certain niveau, il semble exclu de ne pas recourir à l'écrit.

Cet écrit (livre ou revue) a lui-même bien évolué. La présentation est devenue plus claire, le graphisme plus attrayant. Les images elles-mêmes, photos, schémas, dessins, graphiques… sont de plus en plus intégrés au texte.

En fait et dans de nombreuses situations, la tendance est à la combinaison des supports. Une séquence télévisée présente, par exemple, une interview du ministre des Finances et un graphique montrant l'évolution des grandes masses budgétaires. Il faut pourtant se référer à des articles de presse parus le lendemain pour avoir le détail des postes concernés, une analyse bien plus complète de l'incidence sur les différents secteurs de l'économie. Pour aller plus loin et presque tout comprendre, il faudra peut-être se référer à un manuel d'économie financière.

Dans le champ de la formation, on associera, par exemple : un cours oral, la projection d'un film, des lectures, un jeu de simulation informatisé...

Dans certains cas, la lecture sera un moyen de formation totalement autonome (de nombreux séminaires ont été transposés dans des livres) ou l'un des moyens qui, avec ses avantages spécifiques, sera à conjuguer avec d'autres.

Compte tenu de son importance, il est donc tout à fait préoccupant que la lecture pose autant de problèmes à de nombreux adultes en formation. Ce n'est pas, bien sûr, qu'ils soient analphabètes, mais certains éprouvent de grandes réticences à l'égard de ce support. Ils disent avoir perdu l'habitude de lire. Cela est sans doute vrai, mais il est plutôt question de lire autrement. L'école n'y a pas toujours préparé.

Les difficultés exprimées touchent d'abord à l'approche générale de la lecture : comment s'y prendre lorsque l'on est confronté à un texte qui apparaît complexe, voire rébarbatif, nécessitant de grands efforts de compréhension et de mémorisation ? Et comment améliorer la vitesse de lecture quand elle est trop lente, compte tenu du manque de temps et du volume de tout ce que l'on devrait lire. Ces deux points seront ici abordés.

▶ Les stratégies de lecture

S'imaginer qu'il y aurait « une bonne façon de lire », alliant dans tous les cas vitesse et compréhension, serait certainement une grande illusion.

En fait, on est amené à lire de façon très différente suivant l'objectif poursuivi. La façon de s'y prendre ne sera pas la même suivant, par exemple, qu'on lit pour savoir si l'on achète ou non le livre, pour trouver une information pratique, pour se faire une idée complète sur une question, pour se distraire, pour s'imprégner de la pensée d'un auteur favori...

Le « bon lecteur » est celui qui, tout à la fois, sait faire preuve de souplesse et ne perd pas de vue son objectif.

Pour certains livres, il ne faut pas hésiter à passer du survol à la lecture très attentive de quelques passages. On savourera un roman de la première à la dernière ligne, en se laissant envoûter par le récit. Ou bien, on se contentera de lire quelques paragraphes en prenant des notes sur un ouvrage technique qui doit fournir des informations très précises. Les « livres-phares[2] » seront pris et repris au fil de la réflexion.

Les livres-phares

Les livres-phares sont des guides sur les chemins de la connaissance et de la réflexion sur le monde et sur soi-même.

En dehors de ses préoccupations directes de formation, il est important d'avoir « en train » et de lire à son propre rythme un ouvrage ouvrant des perspectives différentes ou plus larges.

Cela pourra être un livre d'histoire, de philosophie, de sociologie, le récit d'une aventure ou d'une réussite, la biographie d'un grand personnage…

Le choix des livres-phares dépend de ses affinités profondes ou de sa curiosité vis-à-vis d'autres domaines. L'essentiel est de s'assurer une lecture suivie, réflexive et stimulante. Peu importe le temps que prendra la lecture, même si cela doit durer quelques mois. On s'aperçoit vite que la vie de tous les jours et les problèmes que l'on rencontre trouvent des échos dans ce que l'on est en train de lire, même si le champ en est très différent. Pendant un certain temps, ce livre sera un inséparable compagnon et le support d'un dialogue avec soi-même : « Qu'est-ce que je ressens ici ? Quelles sont mes réactions profondes ? À quoi pourrais-je relier ce que je lis ? Quelles conclusions – et en particulier pour l'action – puis-je en tirer ? ».

▷ *Pratiquer une lecture « orientée »*

Dans le domaine de l'apprentissage, il est particulièrement nécessaire de garder à l'esprit la finalité de la lecture que l'on est en train d'accomplir. Sans cela, on risque d'achever un ouvrage ou un article en ayant compris ce qu'on lisait, mais sans finalement qu'il n'en reste rien… L'expérience suivante a été maintes fois réalisée : On demande à deux groupes de lecteurs ayant à peu près les mêmes caractéristiques de lire le même article. À l'un des groupes on ne donne aucune consigne, si ce n'est de lire le texte. À l'autre, il est indiqué de lire en essayant de discerner les idées principales. Des questions de compréhension sont ensuite posées par écrit à l'ensemble des lecteurs. Les résultats obtenus par ceux qui ont réalisé une lecture « orientée » sont très généralement les meilleurs. À chacun de se donner ses propres consignes, du type : « dégager les points clés ; discerner les points d'accord et de

2. Quelques idées : J. de Romilly, *Pourquoi la Grèce ?*, Le Livre de Poche, 1997. A. Comte-Sponville, *Petit Traité des grandes vertus*, PUF, 1995. M. Serres, *Le Tiers instruit*, Folio Essais, 1992. J. de Rosnay, *L'Homme symbiotique. Regards sur le 3e millénaire*, Le Seuil « Points », 1997. E. Morin et S. Naïr, *Une politique de civilisation*, Arléa, 1997.

désaccord avec l'auteur ; imaginer d'autres exemples que ceux qui sont proposés ; trouver des rapprochements possibles et des divergences avec ce que l'on a déjà lu sur le même sujet... » Au début et pour s'exercer, il est conseillé d'écrire très gros ces consignes sur une feuille de papier que l'on gardera sur sa table de travail.

▷ *Tous les livres ne se lisent pas de la même façon*

Certains manuels, les livres scientifiques, les œuvres littéraires... demandent à être lus à partir du début et jusqu'à la fin. Dans bien d'autres cas – en particulier les « essais » –, vouloir lire de la première ligne à la dernière est le type de démarche qui explique, en partie, pourquoi des livres achetés dans l'enthousiasme finissent souvent inachevés et oubliés sur les rayons d'une bibliothèque. Il faut y ajouter le remords de n'avoir pas pu « aller jusqu'au bout ».

Dans de nombreux livres quelques idées originales seulement méritent d'être retenues. Beaucoup de place est consacrée à préparer le lecteur à recevoir ces idées, à les présenter sous de multiples facettes, à montrer comment elles se différencient de celles d'autres auteurs. De plus en plus et du fait de l'évolution du rythme de l'édition, un livre est conçu comme une étape de la pensée et non plus comme une somme définitive de connaissances. La durée de vie de certains ouvrages est brève : ils sont destinés à être remplacés par d'autres. Les articles de journaux et de revues sont souvent conçus comme si l'auteur savait bien qu'ils seront simplement parcourus. L'introduction cherche à retenir l'attention du lecteur, déjà captée par le titre. La thèse principale est d'abord présentée puis développée et illustrée en autant de paragraphes. Les objections ont été prévues et réfutées. La conclusion reprend les grandes lignes de ce que l'auteur voudrait nous faire retenir tout en apportant les interrogations susceptibles de prolonger l'article.

▷ *Lire mieux et plus rapidement*

Pour vous entraîner, choisissez un « essai » (politique, histoire, sociologie, par exemple) :

• **Essayez d'avoir d'abord un aperçu général,** en lisant la présentation qui est faite en quatrième page de couverture. Il faut savoir « jeter un coup d'œil » à un livre, ce qui va souvent à l'encontre de nos habitudes. Consultez le sommaire, la table des matières. Parcourez l'introduction. Demandez-vous si l'ouvrage correspond bien à ce que vous recherchez et déterminez vos objectifs de lecture. Pour chaque chapitre retenu, ayez d'abord un contact général avec le texte, pour reprendre ensuite les passages suscitant l'intérêt. Ce n'est pas manquer de respect à l'auteur que de ne pas lire un livre intégralement. « Butiner » a souvent été assorti d'un sens péjoratif : c'est pourtant ce que font les abeilles pour récolter pollen et nectar.

• **Ne vous laissez pas bloquer par les passages trop difficiles.** Les clés permettant de comprendre sont peut-être ailleurs dans le livre et vous pourrez ensuite revenir sur ces points délicats. D'autre part, ce qui est difficile n'est pas forcément ce qui est essentiel.

• **Appropriez-vous le livre.** Mis à part les ouvrages empruntés et les éditions auxquelles on tient tout particulièrement, un des moyens de s'approprier le contenu est d'annoter, de souligner, de surligner... À condition de ne pas abuser – car plus rien alors n'aura de relief –, il est utile de faire ressortir les définitions, les idées principales, les exemples particulièrement convaincants. À chacun de constituer son propre code graphique. Notez en marge vos observations, vos interrogations. Cette activité soutient l'attention et matérialise le fait que l'on suit bien ses objectifs de lecture. Il vous sera aussi plus facile et plus rapide de vous y retrouver lorsque vous aurez à reprendre le texte. Cela est également valable pour la lecture d'articles.

• **Prenez des notes**. C'est une autre façon de pratiquer une lecture active. Des indications seront données ci-après sur l'« art de la prise de notes ». Il est préférable de ne pas précipiter la prise de notes dès qu'un point intéressant apparaît : la même idée peut être exprimée plus loin différemment ou de façon plus complète. Attendre pour cela, c'est aussi se donner un minimum de recul par rapport à ce qui est lu.

► L'entraînement visuel

Depuis longtemps on a cherché à expliquer les performances des lecteurs très rapides, lisant plus de 1 500 mots à la minute avec une bonne compréhension, alors qu'un score de 300 mots est déjà honorable.

Ces champions de la lecture se rencontreraient plutôt chez les « visuels » que chez les « auditifs ».

Les visuels ont un contact direct avec les signes imprimés et parviennent à bien percevoir des groupes de mots écrits. Les auditifs éprouvent le besoin d'entendre résonner les mots dans leur tête, ce qui allonge le temps de perception, et ont plus de mal à saisir des groupes de mots.

De nombreuses expériences d'enregistrement filmé du mouvement des yeux des personnes en train de lire ont montré que les lecteurs très rapides ne suivent pas purement et simplement le déroulement des phrases, les unes après les autres. Ils procèdent par « points de fixation » et lisent des parties de lignes autour de chaque fixation. Cela peut aller jusqu'à la saisie en bloc de la signification d'un paragraphe. Il ne s'agit pas simplement d'une agilité visuelle mais aussi d'un mouvement intuitif, manifestement favorisé par le niveau de culture, qui permet de reconnaître des tournures de phrases, des formes de pensée. De la même façon, la possession d'un large vocabulaire évitera les blocages causés par les mots difficiles (par exemple : paradigme, holistique, algorithme...).

L'entraînement visuel qui se fait par des livres, séminaires, logiciels spécialisés est généralement précédé par un test. On soumet au lecteur un texte dont la difficulté a fait l'objet d'un étalonnage, en lui demandant de le lire aussi vite que possible, tout en cherchant à comprendre. Le score dépend de deux paramètres : le temps mesuré et le niveau de compréhension repéré par les résultats d'un questionnaire à choix multiples.

On saisit bien ici que la vitesse de lecture est un phénomène relatif : on peut lire très vite et ne rien comprendre, ou tout comprendre en utilisant un temps de lecture très important. Il s'agit donc de parvenir à un compromis vitesse-compréhension◆.

◆ *Woody Allen, se moquant des méthodes de lecture rapide : « J'ai lu tout* Guerre et Paix *en vingt minutes : ça parle de la Russie. »*

Des exercices très variés ont été conçus pour augmenter la faculté de concentration, élargir le champ visuel. Par exemple, des mots vont apparaître et disparaître sur l'écran de l'ordinateur, à des emplacements aléatoires et à un rythme prévu pour être de plus en plus rapide.

De façon générale, les progrès susceptibles d'être réalisés par l'entraînement visuel sont sensibles dans deux cas :

– En début d'apprentissage, pour ceux qui ont une vitesse de lecture plutôt faible et tendance à prononcer en même temps qu'ils lisent.

– Pour les lecteurs déjà rapides travaillant sur les exercices avancés (plus on lit vite, plus on est susceptible d'aller plus vite encore...).

Pour tirer profit d'un tel entraînement, il est nécessaire de consacrer un temps suffisant aux exercices, cela avec persévérance. Les gains seront donc moins spectaculaires que ceux que vous pouvez obtenir – comme cela a été montré précédemment – en adaptant vos stratégies de lecture[3].

3. Pour aller plus loin : F. et M. Gauquelin et F. Richaudeau, *Méthode de lecture rapide*, Retz, 1984. M. Bedouet et F. Cuisiniez, *Lire : soyez rapide et efficace*, ESF éditeur, 1977.

Pratiquer l'art de la prise de notes

Prendre des notes est une activité si courante que, souvent, nous n'y prêtons guère attention. Les occasions qui amènent ainsi à « prendre de quoi écrire » sont nombreuses : entretiens, réunions, observation d'un phénomène ou mise au clair de nos pensées, nos idées... Dans le champ de la formation, pensons tout particulièrement aux notes prises en assistant à un cours, à la lecture d'un livre ou d'un article.

Il suffit d'observer ceux qui nous entourent – pendant un cours ou une conférence, par exemple – pour constater que les pratiques en matière de prise de notes sont tout à fait différentes. Certains essayent de noter presque l'intégralité de ce qui est dit, comme pour ne pas en perdre une seule miette. À l'extrême, d'autres n'écrivent pas ou prennent simplement quelques mots, paraissant ainsi faire une confiance absolue à leurs facultés de concentration ou à leur mémoire. Ces différences s'expliquent sans doute par des traits de personnalité mais aussi parce que, souvent, on n'a jamais appris à prendre des notes ou que l'on perpétue de vieilles habitudes sans chercher à les remettre en cause.

Pourquoi prendre des notes ?

La principale fonction de la prise de notes paraît être le stockage d'informations destinées à être transmises ou réutilisées. En réalité, elle sert à bien d'autres choses :

- Stimuler l'attention : écrire évite à l'esprit de vagabonder et lui permet de se centrer sur ce que l'on observe, lit ou entend.
- Aider à la mémorisation : l'écriture permet de mieux fixer et tout particulièrement pour ceux qui sont dotés d'une mémoire visuelle.
- Favoriser l'assimilation : le travail mental entraîné par une prise de notes « non automatique » permet de s'approprier des données, des raisonnements. Pendant que l'on note naissent aussi de nouvelles idées, des rapprochements, de nouvelles questions, d'autres perspectives...

Il arrive que les notes soient simplement archivées sans être jamais relues ou qu'elles soient même perdues, comme si l'important avait été l'enregistrement plus que la conservation. Pourtant, reprendre ses notes est l'un des meilleurs moyens pour réactiver ses connaissances et, comme nous le verrons, pour en tirer des conséquences pour l'action.

Prenant ainsi conscience de la richesse des fonctions de la prise de notes, on voit bien l'intérêt de réfléchir à ses propres pratiques et d'essayer de progresser en ce domaine.

Deux voies seront ici proposées : améliorer la prise de notes que l'on pourrait qualifier de « classique » et, d'autre part, découvrir et mettre en œuvre d'autres procédés de prise de notes, l'exemple ici retenu étant celui des « schémas heuristiques ».

▶ Pour une prise de notes efficace

La prise de notes présente d'abord quelques aspects pratiques, sur lesquels presque tout le monde s'accorde et que l'on reprendra brièvement. Le plus difficile reste de savoir comment nous y prendre pour être efficaces au moment où nous prenons des notes et lorsque nous les exploiterons.

Quelques conseils sur les aspects pratiques de la prise de notes

- Choisissez le format de papier le plus courant (21 x 29,7 cm) à moins que vous ne travailliez sur des fiches cartonnées devant s'insérer dans un fichier, de taille généralement plus réduite.
- Optez pour un système de feuilles volantes qui offre des possibilités multiples de classement. Le cahier a pourtant ses adeptes et se justifie surtout si vous travaillez dans un champ très déterminé.
- Changez de page à chaque sujet, en mentionnant en tête les références complètes du livre, de l'article, du cours et la date à laquelle vous avez pris les notes.
- Numérotez les pages.
- Utilisez abréviations et signes (conventionnels ou personnels).
- Tracez deux marges, l'une à gauche, l'autre à droite.
- N'hésitez pas à dessiner, à tracer des schémas, tout en conservant aux notes un aspect de clarté et même une esthétique acceptable.

Grâce aux « portables », la prise de notes sur ordinateur devrait avoir tendance à se développer. Elle présente des avantages certains : lisibilité, présentation homogène, facilité d'indexation, de stockage, de diffusion… Il est néanmoins souvent plus pratique de se déplacer avec un bloc de papier et un stylo. Les notes prises sur ordinateur restent assez linéaires et il est difficile d'intégrer sur le champ, des schémas, des flèches de renvoi et tous ces petits signes permis par l'écriture manuscrite. L'ordinateur est peut-être plus utile lorsqu'il s'agit d'établir des comptes rendus résumant des interventions ou les conclusions à en tirer.

Comme il est difficile et souvent superflu de tout prendre pendant un cours ou de tout recopier lorsqu'il s'agit d'un livre ou d'un article, la prise de notes va entraîner des choix. C'est certainement en ce sens que l'on peut parler d'un « art », car il n'existe pas de règle absolue, et chacun va adopter un certain style de prise de notes, avec des variantes suivant les circonstances et les sujets. Les notes sont ainsi tout à fait personnelles et, en principe, ne sont pas destinées à être transmises à d'autres en l'état.

Les notes doivent prendre en compte :

• **Ce qui doit rester en mémoire** : les données chiffrées, les points techniques principaux, les références, les exemples significatifs...

• **Ce qui est essentiel** : sans perdre de temps à rédiger de longues phrases, on notera les mots clés, les idées-forces, les articulations du raisonnement qui permettent de passer d'une idée à une autre. Des petits schémas, des flèches mettant en lumière des relations sont autant de moyens d'opérer un premier traitement de l'information et de mémoriser.

• **Ce qui traduit l'implication personnelle** : on ne notera pas simplement le point de vue des autres, mais aussi ses propres réactions, ce qui peut être fait dans la marge de gauche. Ces commentaires seront très elliptiques du style : « OK », « pas d'accord », « bizarre », « fait penser à... ». À la relecture, on pourra même indiquer des pistes de réflexion à plus long terme.

• **Ce qui relie à l'action** : dans la marge de droite, par exemple, on mentionnera les suites envisagées concernant des actions à mener et ce qui peut servir à telle ou telle d'entre elles. Ce pourra être : « Rechercher exemples... », « Appliquer à... », « En parler à... ».

La façon classique de prendre des notes se trouve donc enrichie par une démarche active ayant des prolongements bien au-delà de l'instant où les notes ont été prises.

On trouvera p. 125, un exemple – et non un modèle... – de présentation de notes suivant cet objectif.

▶ Les schémas heuristiques

L'établissement de schémas « heuristiques[4] » (qui aident à la découverte) a été tout particulièrement développé par le psychologue anglais Tony Buzan. Plutôt que de noter de façon linéaire et en écrivant de haut en bas, il s'agit d'utiliser toutes les dimensions de l'espace-plan constitué par une feuille de papier.

▷ *Maîtriser la technique*

Voici comment mettre en œuvre cette technique, quelquefois appelée « cartes mentales » (voir l'exemple « S'informer sur la concurrence », p. 127) :

• Placer au centre de la feuille de papier le thème retenu ou l'idée principale.

• Laisser les différentes idées se ramifier à partir du thème central.

4. Pour aller plus loin :
L. Timbal-Duclos, *La Prise de notes efficace,* Retz, 1988.
T. Buzan, *Une tête bien faite,* Les Éditions d'organisation, 1993.
T. Buzan, *Dessine-moi l'intelligence : guide d'accès à la dynamique mentale,* Les Éditions d'organisation, 1995.

Edgar MORIN

LA MÉTHODE 1. la nature de la nature.

Seuil 1977

29.10.97

L'INVASION DES DÉSORDRES p. 33

ORDRE → Maître mot de la science classique → étoile / marées / pesanteur

DÉSORDRE → Exclu (sauf à la périphérie des phénomènes)

(MAIS) – au XIX° (CARNOT)

2d principe de la thermodynamique

↓

DÉGRADATION DE L'ÉNERGIE ou

"ENTROPIE" → dégradation énergie + dégradation de l'ordre + dégradation de l'organisation

Rechercher définition d'entropie

– en 1877 (BOLTZMANN)

"L'entropie de l'univers tend vers un maximum."

"Les configurations désordonnées sont les + probables"

$$S = K \times \log P$$

S : entropie totale du système ; K : constante de BOLTZMANN ; P : probabilité thermodynamique

Mystérieux cette constante !

Voir le avec cours de stat.

RENVERSEMENT FONDAMENTAL

Le pb n'est + d'expliquer les quelques cas de désordre mais de savoir pourquoi → ordre / → organisation dans l'Univers !

Exemple de présentation de notes.

• Disposer les mots sur des lignes qui sont reliées à d'autres sous forme d'arborescence.

• Écrire en majuscule pour que cela soit plus lisible.

Ne pas chercher une logique dans la place des idées principales qui partent du thème central. Par la suite, on pourra introduire un certain ordre, en numérotant les idées, en introduisant des flèches, en mettant des couleurs.

En reprenant l'exemple « S'informer sur la concurrence », p. 127, les premières grandes idées qui sont apparues et qui constituent les branches maîtresses sont : POURQUOI? – LES SOURCES – COMMENT S'ORGANISER? Mais le schéma est ouvert et d'autres branches maîtresses pourraient être introduites, par exemple : APPLICATION DANS L'ENTREPRISE X – ou PRATIQUES DES ENTREPRISES JAPONAISES... De la même façon, il est toujours possible d'ajouter des rameaux supplémentaires à chaque niveau. Par exemple, ajouter comme autres SOURCES : FOIRES-EXPOSITIONS et, comme DOCUMENTS PUBLIÉS, ajouter : RAPPORTS ANNUELS, etc.

Cette méthode, qui demande un peu d'entraînement, est particulièrement utile lorsqu'il s'agit de réfléchir à un problème donné, de mettre au clair ses idées et d'en discerner toutes les implications.

Elle peut aussi servir à la prise de notes à partir d'un document et même d'une conférence ou d'un cours, lorsqu'ils sont bien structurés.

▷ *L'intérêt des schémas heuristiques*

• L'importance relative des idées est bien marquée : les idées principales sont plus près du centre, les idées secondaires près de la périphérie.

• Le positionnement dans l'espace facilite les associations, les rapprochements.

• La structure même du schéma facilite l'introduction de nouvelles informations plus facilement que dans la prise de notes linéaire.

• Chaque schéma a sa physionomie propre, ce qui facilite la mémorisation.

• Il est tout à fait possible de se servir de la marge ou d'une feuille de papier en vis-à-vis pour noter les observations personnelles et les actions à mener.

Une difficulté peut se présenter si le thème appelle des développements particulièrement complexes. On risque alors de manquer d'espace sur la feuille de papier. Dans ce cas, il suffit de retenir une des idées-clés, figurant à l'un des endroits du schéma, de l'écrire au

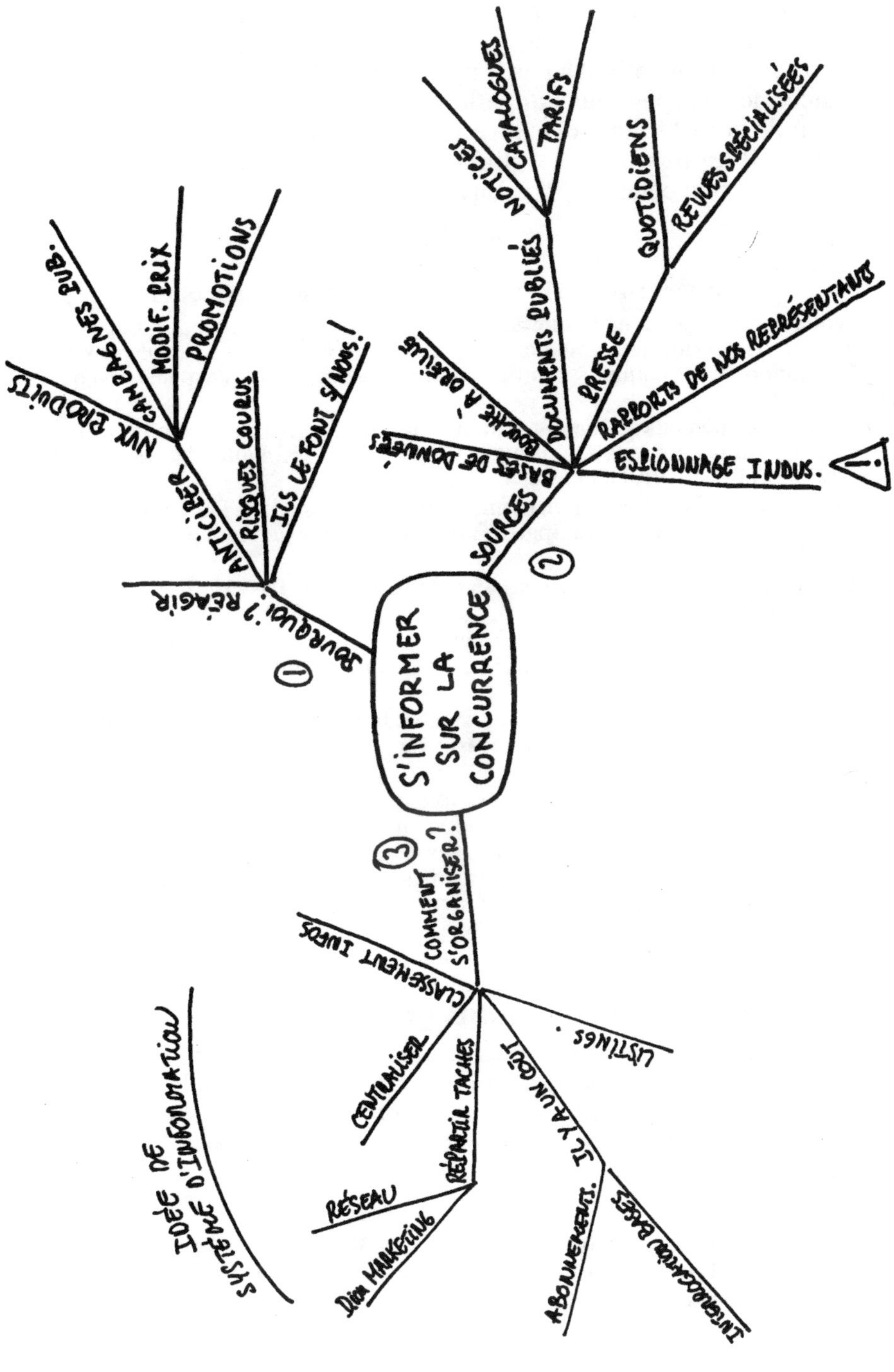

Présentation d'un schéma heuristique.

centre d'une autre feuille de papier et de construire alors une autre arborescence, à partir de cette idée clé. Ce mode de cartographie fait penser à ce que l'on obtient à partir des logiciels de gestion des connaissances développés sous l'appellation d'« hypertexte » : en chaque point de la carte générale concernant un champ donné de connaissances, il est possible de « cliquer » pour faire apparaître une autre carte un peu comme si l'on ouvrait une fenêtre.

Exercice

Entraînez-vous à la création des schémas heuristiques

• **P**our vous familiariser avec la méthode, retenez d'abord un sujet que vous connaissez bien ou qui vous passionne. Par exemple : les voyages à l'étranger, les plantes d'appartement... et donnez-vous comme objectif de faire ressortir tous les aspects essentiels de la question.

– **À** partir du titre que vous écrivez au milieu de la page, trouvez les premières « branches », par exemple, pour les voyages à l'étranger : CE QUE CELA APPORTE, LES DIFFÉRENTES FORMULES, LA PRÉPARATION, etc.

– **P**oursuivez ensuite la ramification, comme cela est illustré dans l'exemple p. 127, tout en trouvant d'autres « branches principales ». Ne vous arrêtez que lorsque vous pensez avoir fait le tour de la question.

• **P**renez ensuite un sujet que vous connaissez mal *a priori*. Par exemple : les subventions publiques, la reliure.

– **Si** vous n'avez pas d'idée au départ, essayez de stimuler votre créativité en vous posant les questions traditionnelles : Qui ? Quoi ? Où ? Quand ? Comment ? Pour quoi ? Pourquoi ? (le fameux QQOQCPP...)

Vous vous apercevrez certainement que, grâce à la méthode des schémas heuristiques, vous arrivez à trouver beaucoup de choses intéressantes sur un sujet que vous pensiez méconnaître.

• **A**ppliquez la méthode à la prise de notes lors de la lecture d'un article d'un journal ou d'une revue. Pour un livre, il vous faudra sans doute plusieurs feuilles de papier...

• **P**our la prise de notes à partir d'un message oral, commencez par des prestations *a priori* bien structurées : une conférence, un exposé magistral. Repérez la structure du discours et les « branches » principales, la plupart du temps annoncées par l'orateur en introduction et lors du passage d'un grand thème à un autre.

▶ Travailler efficacement en petits groupes

Se former relève pour une grande part d'une démarche individuelle. Cela n'empêche pas que, fréquemment, on soit amené à le faire au sein de petits groupes de travail, que ceux-ci soient prévus par le système éducatif ou tout simplement choisis par les intéressés. Dans tous les cas, on a intérêt à bien profiter de ces occasions d'apprendre à plusieurs.

Les formations organisées s'appuient souvent sur le travail de petits groupes à qui l'on va, par exemple, demander de rechercher de l'information, de préparer un cas, réaliser un exercice, conduire un projet… Centré sur des tâches spécifiques, le petit groupe aura à se réunir et souvent à travailler hors de la présence du formateur.

Il existe aussi, bien sûr, des groupes de travail « informels ». C'est le cas, par exemple, lorsque l'on décide de travailler ensemble avec quelques amis, ou même de préparer en « binôme » telle ou telle épreuve d'examen.

▶ L'intérêt d'apprendre en petits groupes

Le travail en petits groupes de 2 à 8 personnes – car au-delà de 8 à 10, la dynamique est assez différente – présente de nombreux avantages :

• **Chacun profite de l'expérience des autres**. C'est un facteur d'enrichissement, surtout lorsque le groupe est hétérogène, les personnes venant d'horizons différents possèdent des expériences variées.

• Pour de nombreux apprentissages, l'**interaction sociale** est capitale. Travailler en petit groupe, c'est s'exercer à mieux analyser, à présenter et à défendre ses idées que l'on confronte à celles des autres. Il s'agit d'un entraînement qui sera utile dans de nombreuses circonstances, même en dehors du cadre de la formation.

• L'appartenance à un groupe de travail permet aussi de **rompre l'isolement**. L'engagement se trouve stimulé par le désir de contribuer efficacement ou même par l'esprit de compétition.

• Travailler à plusieurs apporte aussi un **soutien**, lorsque l'on éprouve des difficultés et que l'on ressent le besoin de faire jouer une certaine solidarité.

C'est pourquoi le travail en petits groupes a souvent été présenté comme une des modalités de formation les plus utiles. Il a pourtant ses détracteurs, essentiellement parmi les participants qui font quelquefois valoir une efficacité très aléatoire. Certains groupes fonctionnent très bien alors que d'autres ont beaucoup de mal à démarrer et à fonctionner, avec énormément de temps perdu à se mettre d'accord et avec beaucoup de querelles intestines.

Pour profiter au mieux de cette forme d'apprentissage, il est nécessaire de chercher à réduire les dysfonctionnements possibles : ils tiennent essentiellement à l'organisation et aux problèmes liés à la dynamique de groupe.

▶ Respecter un minimum d'organisation

La spontanéité et l'absence de contraintes devraient caractériser le fonctionnement des petits groupes de travail. Ce serait le moyen de favoriser la créativité et aussi d'échapper aux obligations mal supportées dans le cadre du système éducatif ou de la vie professionnelle.

Une certaine discipline est pourtant nécessaire si l'on veut éviter les inconvénients d'une totale improvisation.

Un des premiers problèmes qui se pose est de déterminer les dates et heures des réunions. C'est souvent très difficile surtout si le groupe comprend plus de 5 ou 6 personnes. Un procédé efficace consiste à prévoir une grille représentant les jours de la semaine et les différentes tranches horaires, y compris tôt le matin et tard le soir. On demande à chacun de la remplir en rayant les plages pendant lesquelles il lui est absolument impossible de participer à la réunion du groupe de travail. C'est beaucoup plus opérationnel que de signaler les plages pendant lesquelles on est susceptible de participer.

Les conditions matérielles sont importantes. Il faut trouver un endroit relativement isolé dans lequel on sera à l'aise pour travailler. Un tableau noir ou à feutres ou, mieux encore, un tableau de papier à feuilles mobiles est très utile. Dans ce dernier cas, les plans, les schémas... pourront être alors détachés, affichés et emportés en fin de séance.

Comme pour toute réunion efficace, il est nécessaire de prévoir l'ordre du jour et les tâches que chacun des participants doit réaliser d'une fois sur l'autre.

De temps en temps, il est souhaitable de faire le bilan du travail réalisé et peut-être surtout de consacrer quelques minutes à réfléchir sur la façon dont a fonctionné le groupe et comment ce pourrait être amélioré.

Une question se pose souvent, surtout lorsque la taille du groupe est importante : Faut-il qu'il y ait un animateur ? Cette solution est fréquemment rejetée par crainte de voir s'instaurer un jeu de pouvoir, aux dépens d'une certaine « démocratie égalitaire » convenant mieux à la culture d'apprentissage. La fonction d'animation est pourtant bien utile pour recentrer en cas de dispersion, passer d'une phase à une autre, rappeler à l'ordre ceux qui n'ont pas réalisé le travail convenu, parvenir à un accord sur toutes les modalités pratiques... Une solution possible est de prévoir une « animation tournante », permettant de prendre cette responsabilité à tour de rôle, ce qui est une expérience très utile.

▶ Veiller à maintenir une bonne dynamique de groupe[5]

La vie d'un petit groupe en formation n'est pas toujours très simple. Elle dépend de facteurs aussi variés que l'origine des participants, leur expérience en ce domaine, les types de travaux à réaliser, la pression extérieure..., mais intervient surtout la conjonction des

5. Pour aller plus loin : J. P. Gruer et P. Stern, *La Communication de groupe en 35 fiches*, Les Éditions d'organisation, 1995. R. Mucchieli, *Travailler en équipe*, ESF éditeur, 1992.

différentes personnalités du groupe. Quelquefois, tout se conjugue dans le sens de l'efficacité, dans la bonne humeur. On entend dire alors : « J'ai de la chance, je suis dans un bon groupe. » Dans d'autres cas une mystérieuse alchimie engendre des crises, des affrontements de personnes ou tout simplement le désengagement de certains qui n'assurent plus qu'une contribution minimale. Bien souvent les dysfonctionnements restent inavoués. Par exemple, il est rare que l'on en parle très spontanément aux formateurs, comme si l'on voulait, malgré tout, conserver une certaine solidarité.

Dix propositions pour devenir un bon participant d'un petit groupe de travail

1 – Aller vers les autres et essayer de mieux les connaître

Lorsque l'on se connaît mieux, le travail en groupe devient plus efficace, les contacts plus directs. Considérez toujours que c'est à vous de « faire le premier pas ».

2 – Contribuer à maintenir une bonne ambiance

Apprendre ensemble n'est pas toujours simple. Le groupe peut connaître des moments de découragement. Une ambiance détendue et amicale et le recours à l'humour quand il le faut facilitent bien les choses.

3 – Écouter

Écouter, c'est abandonner le centrage exclusif sur vous-même. C'est essayer de comprendre, alors que vous n'auriez pas exprimé la même idée ou pas de la même façon.

4 – Parler sans monopoliser la parole

Il vous faut apporter au groupe si vous voulez recevoir de lui. Cela implique quelquefois de sortir de votre réserve naturelle, de votre timidité. À l'opposé, bien admettre que les autres doivent aussi avoir la possibilité de s'exprimer.

5 – Poser des questions d'élucidation

Ce qui est dit ne vous paraît peut-être pas toujours très clair ou évident. Demandez gentiment que l'on vous explique, ou que telle idée soit plus détaillée et approfondie. Cela rendra service à tout le monde.

6 – Accepter d'être contesté

Il n'est pas anormal que les autres aient un point de vue différent ou adoptent une autre démarche. Défendre vos idées ou admettre de bonne foi que les autres ont raison sont des exercices très profitables.

7 – Approuver et – quand il le faut – dire que l'on n'est pas d'accord

Lorsqu'un des membres du groupe apporte quelque chose qui vous convient, donnez-lui votre appui et vos encouragements. Cela fera progresser la discussion. Si vos raisons vous semblent bien meilleures, dites-les et argumentez avec souplesse.

8 – Faire profiter de son expérience

À un moment ou à un autre se présente une situation que vous avez déjà rencontrée, un problème que vous avez déjà résolu, une idée d'application pratique... Sans mettre constamment en avant votre expérience, vous ne devez pas manquer ces occasions d'apporter au groupe.

9 – Contribuer à la régulation

Reformuler, faire le point, calmer les esprits lorsqu'il le faut, recentrer une discussion... sont autant de moyens de faire progresser le travail collectif. L'animateur – s'il y en a un – vous saura gré de l'aider en ce sens.

10 – Aider les autres

Apportez une aide à ceux qui ont des difficultés sans attendre nécessairement une réciprocité, « à charge de revanche ». C'est aussi vous entraîner à expliquer, à vous mettre à la portée des autres.

Finalement, chacun devrait s'efforcer d'être un « bon participant » et essayer de convaincre les autres par l'exemple. Les dix propositions qui précèdent sont conçues pour être discutées en petit groupe, si le besoin s'en fait sentir.

Les portraits types des participants qui sont sources de difficultés ont été déterminés : le critique systématique ; le râleur ; le bavard impénitent ; le rigide ; celui qui a déjà tout vu, tout fait, qui sait tout ; l'apathique, qui reste silencieux sans que l'on sache bien pourquoi ; celui qui, systématiquement, n'a pas fait le travail convenu…

Mais il y a aussi, heureusement, des rôles positifs : celui qui sait détendre l'atmosphère au bon moment ; le courageux, toujours prêt à s'investir ; le sage, qui apaise les esprits et apporte sa médiation ; le créatif, qui ouvre des voies nouvelles aux discussions…

Lorsque les difficultés tiennent au comportement d'une ou deux personnes, le mieux est d'utiliser d'abord l'humour. Si cela ne suffit pas, un membre du groupe doit essayer de prendre à part celui qui pose des problèmes pour discuter en tête à tête, le plus franchement possible.

Exercice

Faites le diagnostic du fonctionnement de votre groupe de travail

• **S**i vous appartenez actuellement à un groupe de travail en formation, essayez de réfléchir à son fonctionnement et à la façon dont **vous-même** pourriez l'améliorer.

Points déjà satisfaisants	**P**oints à améliorer
1	**1** ....
2	**2** ....
2	**3** ....
4	**4** ....

• **P**our les points à améliorer, que pourriez-vous apporter **vous-même** comme contribution positive ?

1 ....

2 ....

3 ....

4 ....

• **P**roposez ensuite aux autres membres du groupe de faire le même travail de réflexion et d'échanger sur les résultats.

Si les problèmes de fonctionnement sont plus complexes, il est préférable de tout arrêter et d'insister pour que se tienne une discussion générale sur la vie du groupe : Comment travaillons-nous ? Quelles sont les raisons d'insatisfaction ? Que pourrions-nous faire collectivement ? Que pourrions-nous faire individuellement, si chacun devait prendre une bonne résolution ?...

Il faut mettre à plat les difficultés lorsqu'elles sont importantes.

▶ Oser apprendre aux autres

Être formateur, même « occasionnel », ne s'improvise pas totalement, mais un minimum de réflexion sur l'approche de la formation et la prise en compte de quelques techniques doit permettre ici de réussir[6].

Enseigner aux autres – et l'on n'en a pas toujours conscience – est une situation tout à fait courante, tant dans la vie personnelle que professionnelle. Nous pouvons nous en rendre compte en nous posant simplement la question : « Quelle est la dernière fois où j'ai appris quelque chose à quelqu'un ? »

Il ne faudrait donc pas ici faire preuve d'excessive modestie (« Apprendre aux autres, alors que j'ai encore tant à apprendre ! »), de trop de prudence (« Enseigner, c'est un métier en soi. C'est quelque chose que je n'ai jamais pratiqué... ») ou mettre toujours en avant les impossibilités matérielles (« Jamais je n'aurai le temps qu'il faudrait dégager »).

Nous sommes souvent imprégnés de représentations très traditionnelles de l'enseignement et du rôle de l'enseignant. Ces évocations concernent plutôt des situations de cours et d'exposés face à des groupes importants avec des professeurs très diplômés, véritables professionnels de la formation. Tout cela risque de nous laisser à penser, bien à tort, que nous ne pouvons enseigner nous-même.

▶ « Enseigner, c'est apprendre deux fois »

Enseigner permet tout d'abord de maintenir et développer nos connaissances. Plutôt que de continuer à vivre sur le stock d'idées et de savoirs accumulés pendant nos propres études, enseigner nous oblige à rester au courant et, en particulier, à tenir à jour notre documentation. Si nous avons la perspective d'une formation à donner, nous serons beaucoup plus motivés à lire, à conserver des articles de revues, à noter au fil de l'expérience les éléments qui pourront ensuite être utiles. Il y a ici une pression qui amène à chercher et à acquérir des connaissances, allant même au-delà de

6. Pour aller plus loin : P. Auriol, *Le Rôle formateur de l'encadrement. Guide Pratique*, ESF éditeur, 1991. I. Feuillette, *Le Nouveau Formateur*, Dunod, 1995.

ce qui serait strictement nécessaire pour la formation que nous avons à donner. On sent bien, en effet, qu'il faut conserver une marge de sécurité et ne pas enseigner à 100 % de ce que l'on sait – plutôt à 70 ou 80 % – ce qui permet d'asseoir une image de compétence et de répondre à des questions plus pointues qui pourraient être posées. D'ailleurs, si on sait que nous enseignons, nous serons, que nous le voulions ou non, considérés comme « experts » et d'autres personnes que celles que nous aurons en formation nous demanderont des avis ou des conseils.

Apprendre aux autres amène également à mieux comprendre. Joseph Joubert◆ écrivait : « Enseigner, c'est apprendre deux fois. » On s'aperçoit que si l'on veut bien expliquer aux autres, il faut avoir bâti un bon système d'explication qui puisse éventuellement résister aux objections. Pour cela, il faudra reprendre nos connaissances et nos savoir-faire, les remettre en ordre, chercher à les structurer de façon à faire passer le message le mieux possible. Cela impliquera peut-être de combler nos propres lacunes, de rechercher un lien oublié entre la théorie et la pratique. Le fait d'avoir à formaliser aboutit souvent à mieux prendre conscience de l'intérêt de nos expériences et à mieux les exploiter. La recherche créative d'exemples et d'illustrations, qui est une des clés de la pédagogie, oblige à élargir ses champs d'intérêt. Enseigner est aussi un bon moyen de développement personnel. Cela permet de faire passer nos convictions et de nous engager, de prendre des risques devant les autres, de nous entraîner à mieux écouter, à mieux communiquer.

◆ J. Joubert, *Carnets*, Gallimard, 1938.

Enseigner est enfin une certaine manière de reconnaître cette dette que nous avons collectivement envers ceux qui nous ont eux-mêmes appris. C'est exprimer notre appartenance à une communauté d'apprentissage. N'oublions pas les aspects gratifiants : quelle fierté de voir quelqu'un bien mettre en œuvre ce que nous lui avons appris ou reprendre à son compte les idées ou les opinions que nous lui avons transmises !

▶ De multiples occasions d'enseigner

Les occasions d'enseigner sont plus nombreuses qu'on ne l'imagine :

• **C'est d'abord une fonction tout à fait primordiale des parents qui forment par l'exemple, par l'explication et l'incitation.** De façon plus formelle, s'intéresser au travail scolaire de ses enfants est certainement une bonne occasion de s'exercer au rôle de formateur. Cela contribuera sans doute à leur réussite et permettra de développer avec eux une relation riche pouvant se poursuivre dans des champs très différents.

• **Les mouvements associatifs offrent beaucoup d'occasions de transmission des connaissances, des savoir-faire et des savoir-être.** Il s'agit là de terrains d'application souvent très conviviaux et cela est important pour des premières expériences de formation. On voit même se développer des « réseaux d'échanges réciproques de savoirs » – ainsi que cela a été évoqué au chapitre 3 – mettant en relation ceux qui recherchent et ceux qui peuvent communiquer des savoirs, de façon non rémunérée. Cela découle du constat que chacun d'entre nous représente un gisement de savoirs accumulés et que la transmission de personne à personne est peut-être le moyen le plus simple d'en assurer la passation. On échangera donc la façon de coudre à la machine contre la technique de taille des arbres fruitiers, le mode d'établissement d'une généalogie contre les rudiments de la langue chinoise...

• **Au sein des entreprises et des organisations, les occasions sont également très variées.** Le compagnonnage est un dispositif typique très ancien : un ouvrier hautement qualifié et ayant une ancienneté dans le poste, transmet ses savoir-faire à des débutants et assure leur suivi. Cela concerne aussi bien l'industrie que les services, les conducteurs d'engins que les caissières de supermarchés. Le développement du rôle pédagogique de l'encadrement est certainement une tendance forte comme cela a été montré au chapitre 3.

• **Enseigner dans le cadre d'une institution de formation est ce qui est le plus proche de l'idée que l'on se fait habituellement de l'enseignement.** Dans ce cas aussi, les situations sont très variées, allant d'une simple séance pour apporter un témoignage sur son activité jusqu'à la charge d'un enseignement complet. De nombreux établissements de formation font ainsi appel à des vacataires. Aux intérêts déjà cités s'ajoutent l'« effet carte de visite » et aussi la possibilité de bénéficier d'un revenu supplémentaire. Certaines entreprises poussent leurs cadres à exercer de telles charges d'enseignement. Cela contribue à donner une image positive de l'entreprise et offre un bon poste d'observation pour repérer les jeunes talents.

Quand on souhaite s'engager dans une telle collaboration avec un organisme de formation, le facteur temps est à prendre soigneusement en considération qu'il s'agisse de la préparation ou de la disponibilité à des moments fixes. Dégager quelques demi-journées pour des interventions de type « témoignage » ne pose pas trop de problèmes, mais se libérer à des dates fixes pour des séances régulières (en dehors de cours du soir) nécessite un engagement beaucoup plus important.

Comment trouver un établissement intéressé par des interventions ?

La méthode de la lettre circulaire adressée un peu avant la rentrée à des responsables d'institutions n'est pas d'une très grande efficacité. Il est préférable de retenir quelques établissements que l'on connaît un peu et avec lesquels on se sent des affinités. Plutôt que les directions d'études, il vaut mieux, en général, contacter les responsables de l'enseignement des disciplines mêmes qui vous intéressent. Le dialogue sera beaucoup plus centré et il sera possible de mieux saisir les besoins et d'y répondre par des propositions concrètes : plans d'intervention, mise en lumière de l'intérêt de l'expérience personnelle, etc.

► Ce qu'il ne faut pas oublier avant de transmettre un savoir

La compétence que nous avons dans tel ou tel domaine risque de nous amener à un centrage sur les contenus : « Voilà ce qu'il faut faire passer... » Rappelons-nous alors que, en tant qu'apprenant, nous avons souvent souffert du fait que l'enseignant ne semblait guère se soucier de nous. Qu'il s'agisse d'une seule personne, d'une équipe de travail en entreprise ou d'un groupe d'étudiants, la toute première phase devrait porter sur l'analyse du « public », de ses attentes, motivations, connaissances actuelles...

Le contexte étant ainsi éclairci, il est alors indispensable de se fixer des objectifs pédagogiques. Cela semble aller de soi, mais il ne faut pas oublier que ces objectifs doivent s'exprimer en termes d'apprentissage : Qu'est-ce que les participants devraient être capables de faire à la fin de la formation ? Il est alors possible de passer à la détermination des contenus en y associant les méthodes à mettre en œuvre. Le nécessaire « bouclage » est celui de l'évaluation qui permet de contrôler l'atteinte des objectifs et de réguler la formation.

L'encadré ci-après résume les points essentiels de la démarche lorsqu'il s'agit de transmettre un savoir ou un savoir-faire, en face-à-face avec un « apprenant ».

Dix conseils pour bien former les autres

1 – Demandez à l'apprenant pourquoi il souhaite acquérir ce savoir. Quelles connaissances ou expériences a-t-il déjà dans le domaine ou des domaines proches ?

2 – Préparez votre transmission. Récapitulez ce qui est essentiel, compte tenu des attentes de l'apprenant et de ce que vous savez. Formulez les objectifs d'apprentissage.

3 – Repérez les points difficiles, posant problème et sur lesquels il faudra insister.

4 – Établissez une bonne ambiance : Ce n'est pas toujours très facile d'apprendre et il faudrait que chacun y trouve du plaisir… Engagez-vous. Soyez vous-même.

5 – Pour expliquer, allez du plus simple au plus complexe.

6 – Variez la forme de vos apports : explications orales, schémas ou croquis, démonstrations pratiques, comparaisons, documents écrits ou photocopiés…

7 – Étape par étape, assurez-vous de la compréhension de l'apprenant en observant ses réactions, en suscitant ses questions, en posant vous-même des questions…

8 – Donnez des occasions d'appliquer : cela permet de corriger, de reprendre des points difficiles, de donner de l'assurance à l'apprenant.

9 – N'hésitez pas à répéter, à faire redire ou refaire, à proposer des synthèses. Ce n'est pas parce que l'on a dit ou montré quelque chose que cela va être forcément compris et mémorisé.

10 – À la fin de la transmission, vérifiez que les objectifs d'apprentissage ont été atteints et donnez des pistes pour aller plus loin : livres, contacts, exercices à faire…

Exercice

Préparez-vous à transmettre un savoir

• Prenez pour objet d'application une de vos compétences fortes dans le domaine professionnel ou tout autre champ (hobbies, savoir-faire sociaux, connaissances scolaires…) et, par exemple :

Comment utiliser un tableur ;

Comment tenir la comptabilité d'une association ;

Comment tailler un rosier ;

Comment pratiquer l'analyse logique d'un texte…

• Déterminez le « public » à qui s'adressera cette transmission (nouvel arrivant dans l'entreprise, membre de votre association, enfant scolarisé…).

• Faites une hypothèse sur le temps dont vous pourriez disposer pour cette transmission et bâtissez un plan d'action à partir de la liste précédente des « dix conseils pour bien former les autres ». Notez au passage les points sur lesquels il vous faut peut-être assurer et actualiser vos propres connaissances.

CONCLUSION

« Apprendre pour se former » se présente bien sous un double visage.

D'un côté, cela revient à se soumettre à la forte contrainte d'avoir à veiller continuellement sur son capital de compétences, y consacrer le temps et les efforts nécessaires. Un des objectifs de ce livre était de vous faciliter cette tâche.

D'un autre côté, apprendre et se développer vont heureusement dans le sens de la satisfaction de besoins profondément ancrés en nous. Accéder au savoir, c'est satisfaire sa curiosité et son goût de l'exploration. Rien ne se fait sans le plaisir de découvrir, de se sentir plus libre et, quelquefois, avec l'impression de dépasser ses limites. Il devient alors possible de transformer sa vision du monde, que l'on peut ainsi aborder avec plus de confiance. C'est dans cet esprit que ce livre vous a proposé de travailler sur votre façon d'apprendre.

Il devient de plus en plus évident que l'on n'en finit pas d'apprendre et de se former. En ce sens, il ne devrait pas y avoir ici de conclusion... si ce n'est celle que suggère cette citation de Rigobertha Menchu, prix Nobel de la paix 1992 :

> *« Je suis moi-même une élève du temps qui passe. Tous les jours j'apprends quelque chose et j'espère ne jamais m'imaginer un jour que je n'ai plus rien à apprendre. »*

BIBLIOGRAPHIE

P. AURIOL, *Le Rôle formateur de l'encadrement,* ESF éditeur, 1991.

J. BERBAUM, *Développer la capacité d'apprendre*, ESF éditeur, 1991.

T. BUZAN, *Une tête bien faite,* Les Éditions d'organisation, 1993.

–, *Dessine-moi l'intelligence*, Les Éditions d'organisation, 1995.

P. CARRE et M. PEARN, *L'Autoformation dans l'entreprise*, éditions Entente, 1992.

O. CLOUZOT et A. BLOCH, *Apprendre autrement,* Les Éditions d'organisation, 1997.

F. et M. GAUQUELIN et F. RICHAUDEAU, *Méthode de lecture rapide,* Retz, 1984.

J. P. GRUER et P. STERN, *La Communication de groupe en 35 fiches,* Les Éditions d'organisation, 1995.

B. HOURST, *Au bon plaisir d'apprendre,* Interéditions, 1997.

M. KNOWLES, *L'Apprenant adulte*, Les Éditions d'organisation, 1990.

S. LAIR, *Savoir maîtriser sa mémoire*, Retz, 1997.

R. MUCCHIELI, *Travailler en équipe*, ESF éditeur, 1992.

A. PAIN, *Éducation informelle : les effets formateurs dans le quotidien,* L'Harmattan, 1990.

N. PHILIPPE, *Changer par la visualisation*, Retz « Poche », 1989.

M. PIATELLI-PALAMARINI, *Le Goût des études,* Odile Jacob, 1993.

L. TIMBAL-DUCLAUX, *La Prise de notes efficace*, RETZ, 1988.

–, *L'Écriture créative,* Retz, 1986.

L. V. WILLIAMS, *Deux cerveaux pour apprendre : le gauche et le droit*, Les Éditions d'organisation, 1986.

Dans la même collection

Savoir s'affirmer
Dr Charly Cungi

Savoir maîtriser sa mémoire
Sylvie Lair

Savoir dialoguer et convaincre
Alain Brulé

Savoir écrire pour être efficace
Catherine et Odile Pierron

Savoir porter une appréciation sur autrui
Gérard Hernot

Savoir se motiver
Brigitte Bouillerce et Françoise Rousseau

Réalisation : AGD – Dreux.
Achevé d'imprimer en France en avril 1998
sur les presses de l'Imprimerie Carlo Descamps
59163 Condé-sur-l'Escaut
Dépôt légal : avril 1998
N° d'imprimeur : 98186
N° d'éditeur : 908
N° de projet : 10046322 (I) (3,5) BSBM 80°